영화를 통해 들여다보는 나,
그 깊은 마음

마음으로 보는 영화

곽현주

시작하는 글

'좋은 영화든 나쁜 영화든
유쾌한 캐릭터든 유쾌하지 않은 캐릭터든
유쾌한 결말이든 우울한 결말이든
치료적 가치를 얻을 수 있습니다.
중요한 것은 영화의 미학이 아니라
영화가 얼마나 우리 삶의 고통과 공명하는가 입니다.

- 비르기트 볼츠(Birgit Wolz) -

누구나 쉽게 다가갈 수 있는 매체 가운데 하나가 바로 '영화'입니다. 최근 다양한 방법의 영화감상이 가능해지기는 했지만 여전히 극장에서 보는 영화가 좋은 것 같습니다. 그리고 누구나 한편쯤 '마음으로 보았던 영화'가 있을 것입니다. 잠시 자신의 기억에서 가장 인상적이었던 영화 한 편을 떠올려 봅시다. 그리고 다음의 질문에 답변해 보시기 바랍니다. 그 영화는 어느 시기, 누구와 본 영화입니까? 그 영화를 떠올려 볼 때 특별히 인상적인 장면, 등장인물, 대사가 있습니까? 특별히 좋아했거나, 마음에 들지 않는 등장인물이 있습니까? 있다면 어떤 점이 그렇습니까? 그 영화는 당시에 자신에게 어떠한 의미였습니까?

영화치료(Cinematherapy)는 상담과 심리치료에 영화 및 영상매체를 활용하는 모든 방법을 지칭하는 것입니다. 영화치료라는 용어는 1990년 버그-크로스(Berg-Cross) 등에 의해서 처음 사용되었는데, 당시 미국에서 사회복지, 간호, 임상심리학 분야의 전문가들이 집단상담이나 부부상담 등에 영화를 활용하는 방법을 모색하면서 영화치료가 시작되었습니다. 영화치료는 접근성과 활용가능성이 좋고, 정서적 통찰과 커뮤니케이션에 긍정적인 역할을 하는 것이 특징입니다. 그리고 영화를 치료적으로 활용하는 다양한 방법들로는 첫째, 지시적 접근으로 영화를 교육적·지시적 목적으로 사용하는 것입니다. 영화보기는 서로 다른 태도와 행동을 선택하고 문제해결 과정을 학습하는 관찰학습 및 대리학습의 강력한 도구가 됩니다. 둘째, 연상적 접근으로 영화를 하나의 꿈이나 투사를 위한 도구로 가정하고, 영화 감상 후 자유 연상되는 어린 시절의 기억과 중요한 타인에게 갖는 감정을 상담에 활용하는 것입니다. 연상적 접근은 억압된 경험과 기억에 도달하도록 도우며, 방어수준을 낮추어 안전하게 퇴행하도록 돕습니다. 또한 상처받았거나 억압된 '내면아이'를 만나도록 돕습니다. 셋째, 정화적 접근으로 영화 관람을 통해 웃음과 울음, 분노, 두려움 등의 다양한 감정을 경험하고 카타르시스를 느끼는 것입니다. 이는 단기간 내에 다양한 정서를 경험하게 된다는 장점이 있으며, 감정의 승화, 심리적 위로, 대리만족 등을 느끼기도 합니다.

저자는 문화예술치료의 임상현장에서 일하면서 다양한 예술매체의 치료적 사용에 관심을 가지고 있으며, 동시에 새로운 치료적 예술매체의 개발에 많은 관심을 가지고 있습니다. 최근에는 음악, 미술, 무용

동작, 문학 등의 매체와 더불어 치료적 매체로서의 '영화'에 대한 관심이 많아지고 있습니다. 무엇보다도 '자기치유'의 관점에서 볼 때 누구나 쉽게 접근할 수 있는 매체로 영화만큼 효과적인 매체는 없다고 생각합니다. '오래된 포도주가 사람의 영혼을 살찌운다'라는 말처럼 오래된 좋은 영화는 깊이 있는 울림으로 회복을 도와줍니다. 이런 면에서 저자는 그간 TJB 라디오 해피투게더 '마음으로 보는 영화'라는 코너에서 방송했던 영화들 가운데 다양한 역사를 지닌 영화들을 고루 선별하고자 노력했습니다.

영화라는 '재미'있는 매체를 통해서 여러 가지 '의미'를 발견해 내도록 돕는 것이 진정한 '마음으로 보는 영화'가 아닐까 생각합니다. 평소 영화를 이야기치료 관점에서 정리해 보고 싶었는데, 기회를 갖게 되어 기쁘게 생각합니다. 지면의 내용들이 온전히 제 개인적인 이야기는 아닙니다. 대부분이 '상생시네마클럽'에서 공유되었던 '우리들의 이야기'이고, 평소에 습관적으로 SNS에서 다른 이들과 영화에 대한 좋은 느낌을 나누었던 것을 나에게 적용하려 애쓴 흔적들이 담긴 이야기입니다. 삶에 지친 이들이 영화와 함께 자기치유를 하는 기회를 가지며, 영화 속에 빠져들어 '나만의 스토리'로 삶을 풀어나갈 수 있다면 좋겠습니다. 이 책이 나올 수 있도록 많은 도움을 주신 TJB 방송국의 이상구 PD님, 이은미 작가님, 강유진 아나운서에게 감사를 드리며, 영화를 통해 나와 세상을 치유하는 모임인 상생시네마클럽 회원들에게 감사를 드립니다.

저자 곽현주

추천사

마사 누스바움(Martha Nussbaum, 1947~)은 미국 외교 전문지 <포린 폴리스>에서 선정한 세계 100대 지성에 두 차례나 선정된 바 있습니다. 일찍이 노암 촘스키(Noam Chomsky)와 움베르토 에코(Umberto Eco)를 지명한 바 있는 이 잡지는 정치 철학자이자 윤리학자이며 여성학자인 마사 누스바움의 철학적 세계관에 박수를 보내고 있습니다. 그녀는 자신의 저서 『감정의 격동』에서 '연민(憐愍)의 감정'을 공들여 서술합니다. 연민은 자기중심적인 자아가 자신의 경계선을 넓혀갈 수 있도록 해주는 것으로 사적인 연민이 공적인 연민으로 자라면 인류애와도 연결됩니다. 타인의 고통과 슬픔을 이해하는 것은 쉬운 일이 아니지만 문학이나 예술작품은 직접 경험하지 않더라도 상상력을 동원할 수 있기 때문에 '연민의 감정'을 배울 수 있는 탁월한 교육적 장치라고 덧붙입니다. 문학과 음악, 미술과 조형이 직조된 종합예술로서의 영화는 연민의 감정을 배울 수 있는 20세기 위대한 발명품 중 하나가 아닌가 싶습니다.

『마음으로 보는 영화』에 깃들여 있는 40편의 영화는 나 자신에게 머물러 있는 경계를 한 차원 넘어서는 경험을 하게 합니다. 주인공들은 어떤 상실로 인해 고통에 빠져있지만 그들은 상처 입은 타인을 외면하지 않습니다. 그들은 자기 앞의 삶에 다양한 방식으로 정성을 다하고 있어 그들의 이야기를 마주하는 것만으로도 연민과 사랑의 감정이 풍부해지는 느낌이 듭니다.

수록된 영화들에서 저자가 삶을 대하는 풍요로움과 타인의 삶에 대한 존중감을 느낄 수 있습니다. 시공간을 넘나들며 영화 속 인물들과 독자를 악수하게 하는 따뜻함으로 인해 어느새 세계의 멋진 친구들을 소개받는 기분이 들기도 합니다.

40편의 이야기는 40개의 질문을 품고 있습니다. 저자는 단순히 영화를 소개하고 해석하는 것에 머무르지 않고 독자 자신의 삶과 영화의 주제를 연결하도록 권합니다. 자신의 삶도 영화 같은 이야기를 품고 있음을 넌지시 알려주며 내면의 숨은 가치를 발견하도록 도와줍니다. 그러기 위해 저자는 심리학, 철학, 음악, 문학, 미술 등 다양한 인문학 컨텐츠를 변주하여 영화를 보다 풍성하게 소개하고 있습니다.

저자가 오랜 기간 방송을 통해 대중과 교감해 왔던 수많은 영화 중 『마음으로 보는 영화』에 실린 40편의 이야기를 통해 우리는 삶의 영감을 얻거나 보다 확장된 자기 자신이 되는 경험을 하게 될 것입니다.

나우인사이드 심리상담센터 대표 방미나

차례

내사랑 Maudie, My Love
(2017)

에이슬링 월쉬 감독 / 에단 호크, 샐리 호킨스

길이길이 기억하고 싶은, 꾸미지 않은 아름다운 사랑 이야기

운명처럼 그들만의 세상에서 만난 에버렛과 모드, 혼자인 게 익숙했던 이들은 서서히 서로에게 물들어 가며 깊은 사랑을 하게 됩니다. 몸에 장애가 있는 여자와 마음에 장애가 있는 남자가 만나, 서로에게 길들여져 갑니다. 상처받는 것이 두려워 도망치려 하는 남자를 여자는 깊은 사랑으로 다독입니다. 한없이 모자라지만 함께라서 완벽했던 두 사람의 이야기는 사랑으로 풍경 그 자체가 되어갑니다.

캐나다 최고의 나이브(naive) 화가 모드 루이스의 생애를 모델로 한 영화입니다. 한폭의 소박한 그림같은 사랑 이야기를 보면서, '영화에서나 나올 법한 러브 스토리'가 아닌, 살아가면서 한번쯤 추억할 수 있는 소소한 우리들의 이야기라는 생각이 들었습니다. '아름다운 사랑 이야기'에 대한 목마름이 있었던 감독은 10년 동안 준비하여 <내사랑>을 만들었다고 합니다. 우리도 이 영화를 보면서 지나간 혹은 현재 우리들의 사랑 이야기를 영화의 스토리처럼 담아낼 수 있다면 좋겠습니다.

"내 인생 모두가 이미 액자속에 있어요"

나이브 화가로 명성을 얻고 사랑받은 실존인물 모드 루이스의 이야기를 영화화한 <내사랑>에서 그림 이야기를 빼놓을 수 없습니다. 샐리 호킨스는 모드 캐릭터를 소화하기 위해 영화 촬영 전 수개월 동안 런던에서 활동하고 있는 나이브 화가를 만나 직접 그림 수업을 받았다고 합니다. 그러면서 그녀는 화가 모드 루이스의 모든 것에 매료되었다고 합니다. 실제로 자신이 직접 그림을 그리는 장면이 영화 속에 담기길 바랬으며, 카메라에 담긴 몇몇 작품과 작은 집 속의 벽, 창문에 그려진 그림은 샐리 호킨스의 작품이라고 합니다. 영화에서 모드는 '붓 하나만 있으면 너무 행복하다'는 표현을 자주 합니다. 우리도 복잡한 세상에서 이렇게 단순하게 나를 행복하게 하는 그 무엇인가가 있는지 한번 생각해 보았으면 좋겠습니다.

자연 그대로의 풍경이 아름다운 캐나다의 뉴펀들랜드에서 촬영하였고, 실내 세트장이 아닌 실제 제작한 작은 집에서 촬영하였다고 합니다. 영하 20도에 가까운 설원을 비롯하여 사계절을 사실감 있게 영화에 담아내어 '굉장히 아름답게 촬영된 작품'이라는 호평을 받기도 했습니다. 영화에서 모드의 작품이 많이 나오기도 하지만, 영화 속 풍경 자체가 한폭의 그림이라는 생각이 들 정도로 보는 내내 아름다운 예술작품을 감상하는 느낌이 들었습니다.

*나이브(naive) 화가: 정규 미술 교육을 받지 않아 기존 미술 양식문제에 구애되지 않고 자연과 현실의 시각적인 대상에 대하여 경건할 만큼 소박한 태도로써 건강한 리얼리즘을 예술의 기초로 삼는 아티스트

🎬 나누고 싶은 에피소드, 두울

상황과 조건을 뛰어넘는 사랑 이야기

많은 이들이 영화 <내사랑>에 깊은 감동을 받는 이유는 실화를 바탕으로 하였다는 것과 상황과 조건을 뛰어넘는 사랑이 보여졌기 때문이 아닌가 싶습니다. 사람들은 가슴 한편에 오롯이 사랑하고 싶은 로맨스가 있다고 생각하고 그런 사랑을 꿈꿉니다. 하지만 현실에 부딪히고 상황에 부딪혀, 마음을 따라가기 보다는 세상의 조건에 좀 더 적합하고 남들 보기에 좋아 보이는 사람을 찾아가게 됩니다. 영화는 그런 우리의 가슴 한 켠에 있는 '마음껏 사랑하기'의 실재를 보여준 것 같습니다. 어린 시절 수용받은 경험이 부족하고 관계에 서툴기만 한 에버렛은 말투와 행동이 거칠어 상처가 될 말을 쉽게 내뱉지만(예를 들어, 집안의 서열을 '에버렛-개-닭-모드'의 순서라고 함) 그런 에버렛의 모습에도 모드는 포기하지 않습니다. 사실, 가족들에게 외면당하고 별로 자신을 반기지 않는 숙모집에서 살아온 모드는 당시 일자리가 필요했고 갈 곳도 없었지만 자신의 그런 상황과는 상관없이 오히려 마음이 말하는 대로 에버렛에게 '당신은 내가 필요해요'라고 자신있게 표현할 수 있었던

것도 현실의 결핍감은 많지만 모드가 '깊은 내면'을 가진 사람이었기 때문이 아닌가 생각됩니다.

우리는 실제로 누군가에게 자신의 마음을 표현할 때, 있는 그대로 마음을 이야기하기보다는 상황을 보고, 자신의 결핍을 열등감으로 보고 마음을 포장한 채 표현하지는 않는지? 자신의 깊은 내면에서 나오는 표현을 하고 있는지? 한번 생각해 보아도 좋을 듯 합니다. 영화가 끝나고 나서 에필로그 형식으로 에버렛과 모드의 실제 모습을 다큐 영상 형식으로 보여주는데 이 장면을 통해서 아름다운 사랑이 조금 더 현실감 있게 나타났던 것 같습니다.

영화로 내마음 읽어내기

영화 <내사랑>은 신체적 어려움은 있지만 건강한 자아를 가진 예술가와 신체는 건강하지만 자아가 약한 생선 장수, 이처럼 사회에서 소외되고 별로 어울리지 않아 보이는 한쌍이 만나 일생에 걸쳐 서로의 삶을 바꿔가며 사랑을 하는 여정을 담아냈습니다. 실제로 사람들의 삶의 모습들을 몇 마디로 정의내린다는 것은 불가능하기에 어쩌면 이들의 아름다웠던 마지막 모습들에 초점을 맞춰 이야기를 한 것 같습니다. 조금 더 깊이 있게 들여다보면 이들의 사랑도 시작에는 우여곡절이 많았습니다. 처음부터 모드가 예술가로 살았던 것은 아니었습니다. 경미한 장애를 가진 모드를 오빠는 버렸고, 숙모는 못마땅해 하며 잘 돌봐주지 않았습니다. 우연한 기회에 에버렛의 집에 가정부로 가게 된 모드는 에버렛이 별로 탐탁해 하지 않았으나 물감으로 선반을 색칠하고, 집 벽에 허락도 없이 그림을 그리는 등 조금씩 예술활동을 시작합니다. 그러다 우연한 기회에 모드의 그림에 관심을 갖고 값을 지불하고 사주는 이들이 생겨나면서 모드는 본격적으로 예술가로서 에버렛의 지원을 받게 됩니다. 물론 돈벌이를 위한 지원의 의도도 조금은 있었던 것 같습니다. 모드가 매스컴에 나오기도 하고, 그림도 잘 팔리고, 점점 유명해지자 에버렛은 어느 순간 모드가 떠날까봐 두려워하기까지 합니다. 그동안 그렇게 구박을 했었으면서 말입니다. 그리고 고아원에서 자란 에버렛은 어릴 적부터 누군가의 돌봄이나 사랑을 받아본 경험이 없어서인지, 다른 이들의 사랑을 받을 줄도, 사랑하는 방법도 잘 모르는 결핍감을 가지고 있었으며 모드를 아프게 하기도 했습니다.

'결핍'이라는 것은 서로를 간절히 원하게도 하고, 상대에게 불안을 느끼게도 합니다. 특히 연인이나 부부 사이에서 잘 다뤄져야 할 내용입니다. 사람들은 이미 각자의 상처를 안고 살아가면서 동시에 사랑하는 사람의 상처도 품어줘야 합니다. 자신의 상처만 내세우면 결코 성숙한 사랑을 할 수가 없습니다. 결핍이 없는 사람은 없습니다. 영화 속에서 모드와 에버렛은 인간적인 잣대로 보면 매우 많은 결핍을 가지고 있는 이들이었습니다. 하지만 이들이 욕심부리지 않고 순수하게, 만족하는 사랑을 하는 자체가 정말 담백한 감동을 주었던 것 같습니다. 지금 사랑을 하고 계신 분들 뿐 아니라, 앞으로 사랑을 하실 분들도 영화를 통해 MSG 없는 순수한 사랑을 꿈꿔보시고, 이뤄내신다면 좋을 것 같습니다. 사랑하기에, 사랑받기에 부족한 사람은 세상에 없다는 것을 잘 기억하시기 바랍니다.

📢 함께 있었기 때문에 완벽해진 사랑 이야기

나에게도 그런 사랑이 있는가?

....

....

....

....

....

....

....

🎬 치료적 흥얼거리기

세상에 완벽한 사람이 있을까? 서로 조금씩 다른 부분의 부족한 점이 있다는 걸 인정하면서 서로의 결핍을 채워 주는 관계가 진정 소중한 관계가 아닐까?

●●● <She is>(클래지콰이), <5분 고백송>(윤건)

멘탈 Mental
(2010)

소다 카즈히로 감독 / 다큐멘터리 영화

📽 <u>온전한 정신으로 살아가기 힘든 시대,</u>
<u>외롭지 않다고 말할 수 있는 이가 있을까요?</u>

　　대안적인 병원인 '코랄 오카야마 병원' 정신건강 상담소의 일상을 다룬 다큐멘터리 영화입니다. 영화 <멘탈>은 이곳에서 헌신하는 야마모토 박사와 자원봉사자들의 도움으로 세상을 향해 조금씩 발걸음을 내딛는 다양한 정신병 환자들과 관련된 일상을 다루고 있습니다. 영화는 실제로 자살 충동을 일으키는 등의 심각한 정신적 장애나 질병을 안고 살아가는 환자들의 모습과 치유의 현장을 있는 그대로 보여줍니다. 영화 속 진료의인 야마모토 마사모토 박사는 일본 정신의학계에서 이름난 혁명가로 알려져 있습니다. 그는 일본 정신과 병동의 '자물쇠 없애기 운동'을 펼친 적도 있다고 합니다. 영화에서 야마모토 박사의 병원 대기실에는 '항상 흡연 허용'이라고 쓰여 있는데, 이것만 봐도 이 병원이 얼마나 환자의 입장을 이해하려고 하는지 알 수 있었습니다.

'정상(normal)'과 '이상(abnormal)'의 의미

심리적인 부분에 있어서 '정상'과 '이상'을 어떻게 구분 지을 수 있을까요? 한번 생각해 볼만한 이슈입니다. 일반적으로 스트레스가 만성화되면 심리적 적응력이 떨어집니다. 마치 신체의 면역력이 떨어지면 쉽게 질병에 걸리는 것과 마찬가지로 말입니다. 이때 스트레스를 스스로 감당할 수 있는 수준인지, 아닌지 또는 스트레스를 감당하지 못해 질병이 생기고, 여러 가지 증상과 이상 행동으로 가는지 알아보는 것은 매우 중요한 내용입니다. 과연 현대를 살아가는 우리들 가운데 지극히 '정상적인 부분'만을 지니고 있는 이들이 있기는 할까요? 최근 '정상과 이상의 경계'에 있는 사람들이 점점 늘어나고 있는 것도 사회문제 가운데 하나라 생각됩니다. 이처럼 스트레스가 만성화되기 전에, 자신만의 방법으로 스스로 스트레스를 해결하는 습관을 개발하는 것은 심리적 건강을 유지하는 데 매우 중요한 점이라 생각합니다. 일본을 포함한 아시아 국가들은 특히, 정신병에 관대하지 못한 편입니다. 가족들은 수치로 여기고 병을 숨기기에 급급하고, 사회에서도 그들을 떠맡길 거부하는 것이 현실입니다. 우리나라에서도 20대 사망 원인의 1위가 자살인데 이는 치열한 경쟁, 사회양극화로 인한 빈부격차, 사람과의 관계에서 오는 스트레스들을 감당하지 못해 우울증을 경험하는 것과 많은 관련이 있습니다. 이러한 우울증은 절대 가볍게 보아서는 안됩니다. 그리고 이제는 더 이상 정신장애의 중요성이 사회적으로 무시되어서는 안된다고 생각합니다.

영화 <멘탈>은 정신장애인을 배격하는 사회를 향해 강력하게 정치적 주장을 하지는 않지만, 정신장애인들이 직접 이야기하는 대사 속에서 그들이 드러내고자하는 인권에 대한 메시지가 숨어 있습니다. 영화는 자살 충동, 우울증, 거식증, 대인 공포증, 조현병, 공황장애 등과 싸우는 사람들의 실제 이야기를 다루고 있음에도 불구하고 실제로는 비관적으로 느껴지지는 않았습니다. 이것은 아마도 환자들의 이야기 속에서 '치유의 미학'을 다루고 있기 때문이 아닐까 생각합니다. 이들은 자신의 병과 사회적 낙인이라는 이중의 적에 맞서 오랫동안 인간의 존엄과 삶의 존중을 향해 싸움을 해 온 용감한 사람들이었습니다.

🎞 *나누고 싶은 에피소드, 두울*

영화 속 사례들-'우울증, 섭식장애, 조현병, 은둔형 외톨이'

고립감과 외로움으로 극심한 스트레스를 경험하고 있으며, 우울하고 자살 충동을 자주 느끼는 이가 있었습니다. "왜 당신을 모두 떠나는지 그들에게 직접 물어보면 어떨까요?"라는 이야기로 시작되는 의사 선생님의 상담은 '삶의 리듬'을 회복하도록 지원하였고, 평소에 하고 싶은 것은 무엇이 있는지? 그리고 환자 스스로 재미있는 일을 찾도록 하는 것과 관련된 이야기를 나누는 것으로 진행되었습니다. 두 번째로 섭식장애 환자가 있었습니다. 여러 가지 이유로 스트레스를 쌓아두고 있었던 경우였는데, 평소 주변사람으로부터 '다리가 굵다'라는 말을 듣고는 쌓아두었던 감정들이 충동적으로 폭발해서 이상 행동을 하기도 하는 그런 환자였습니다. 세 번째는 영화 속에서 가장 많은 비중을 차지했던 조현병 환자들이 있었습니다. 이들 가운데 일부는 긍정적으로 변화되는 모습들이 드라마틱하게 그려지기도 했습니다. 조현병 환자들이 지역 사회에 합류함으로써 보여지는 실질적 치료적 가능성을 볼 수 있었습니다. 실제로 조현병 환자의 사회복귀를 지원하는 상담 가운데서 야마모토 선생님은 "토끼처럼 말고 거북이처럼 살라."고 하셨는데 이 부분이 매우 인상적이었습니다. 특히, 편견을 이겨내는 자신만의 훈련이 필요함을 강조하는 장면은 조현병 환자들에게 실질적인 도움이 되기도 했습니다. 마지막으로 집 밖으로 나오기 어려운 환자인 은둔형 외톨이(히키코모리)가 있습니다. 이처럼 바깥 활동이 어려운 이들을 위해서는 방문간호사나 활동보조인의 역할이 매우 중요합니다. 또한 어떤 특별한 치료적 개입이 아니더라도 '함께 일상을 나누는 친구 역할'을 하는 이들이 주변에 있는 것도 매우 중요해 보였습니다.

* **정신병리의 이해**: 일반적으로 정신병리의 진단기준은 DSM-5(Diagnostic and Statistical Manual of Mental Disorder)을 사용합니다. 정신장애를 진단할 때에는 '고통'과 '기능이상'에 집중적으로 초점을 맞추면서 증상이 오래되고 심각한 경우에 한하여 진단을 내리는데, 만일 고통스럽거나 부정적으로 영향을 받고 있는 사람이 아무도 없다면 진단의 존재 이유는 없다고 봅니다. 물론, 본질적으로 병리적이지는 않지만 문제가 있는 행동·인지·감정에 대한 뜨거운 논란의 여지는 여전히 남아있지만 말입니다.

참고로 영화에 나온 병리의 명칭이 최근 개정된 부분이 있습니다. 최근에 정신분열병은 '조현병'이라는 명칭으로 바뀌었습니다. 조현병의 뜻은 '줄을 고르다'라는 의미로 예전에 비해 긍정적인 의미를 내포하고 있습니다. 그리고 예전에는 기분장애라는 진단명으로 우울증과 조울증을 조금 비슷한 개념으로 사용했었는데, 최근에는 기분장애라는 진단명 대신에 우울장애와 양극성장애로 명확하게 분리되기도 했습니다. 흔히 간편척도를 활용하여 우울감을 자가진단하기도 하는데요, 이것은 그냥 참고자료로만 활용하시는게 좋을 것 같습니다. 일상생활에 불편감이 증가할 경우는 병원에 가서 진단 받으실 것을 권합니다.

🎬 영화로 내마음 읽어내기

다큐멘터리 제작 기간 동안 환자들과의 촬영관련 내용 가운데 인상적인 부분이 있었습니다. 조현병 환자와의 인터뷰 가운데 '완벽하게 건강한 사람은 세상에 단 한명도 없다. 겉으로는 건강하다는 라벨이 붙어있더라도 실제로는 언제든 변할 수 있다. 이러한 상황에서 내가 사회에서 어떤 역할을 해야 하는지 생각하는 것이 중요하다고 생각한다' 라고 했던 부분은 매우 인상적이었습니다. 그리고 또 다른 환자는 자신의 마음을 담은 '단가(短歌)'를 지어서 사람들 앞에서 읊기도 했는데 무척이나 치료적으로 보였습니다. 그 내용은 '머리를 쓰다듬어 스스로 칭찬한다. 지금까지 잘 살아왔다고, 세상의 차가운 시선 속에도 깨끗하게 살아가는 고통'과 관련되었는데 스스로 치료하고자 애쓰는 마음이 드러나 보이기도 했습니다.

　이처럼 대부분의 환자들은 세상의 편견을 걷어 내고 세상으로 나오고 싶어했습니다. 세상 사람들이 더 이상 정신질환자들에게 악의적인 편견을 갖지 않기를 간절히 바라고 있었습니다. 실제로 만성 조현병의 경우, 지속적인 약물치료와 다양한 심리치료를 통해 대인관계의 향상과 사회로의 복귀가 어느 정도 가능하기도 합니다. 영화에서는 파스텔 우유배급소, 미니코랄 식당 등에서 일을 하면서 사회로의 복귀를 꿈꾸는 환자들이 나왔는데, 이러한 부분은 사회구조적으로 해결해야 할 과제라 여겨집니다. 이제 더 이상 커튼 뒤에 숨는 것이 아니라 세상으로 건강한 발걸음을 옮길 수 있도록 사회의 여러 안전장치와 사람들의 인식개선이 필요하다고 생각합니다.

　영화 <멘탈>에서는 환자들 개개인을 향한 야마모토 박사의 특별한 처방전이 있었습니다. 예를 들면, 종이에 그림을 그리면서 도식화해서 설명한다든지, 실제적인 예화를 들어 준다든지 하는 부분이 참 인상적이었습니다. 그리고 양심적으로 의미를 가지고, 봉사하는 수많은 봉사자들을 보면서 우리 사회가 이런 분들 때문에 유지되는 게 아닐까 하는 생각도 하게 되었습니다. 리얼리티가 만든 공감, 우리 모두의 진짜 이야기가 아닐까 생각됩니다. 또한 마음속에 숨겨둔 어두운 부분을 더 이상 주체할 수 없어 아무도 모르게 자신의 내면 속에서 방황하고 있을 우리 모두의 이야기인 것 같습니다.

　다큐멘터리 영화의 매력은 삶을 위조하지 않고도 우리에게 기쁨을 줄 수 있다는 것입니다. 조용하게 가슴을 뒤흔드는 <멘탈>은 2008년 부산국제영화제에서 <워낭소리>와 함께 메세나상(최우수 다큐멘터리상)을 받았고, 두바이·홍콩·마이애미 국제영화제에서도 수상했습니다. 일본에서는 장기 상영을 거쳐 제작 후기와 출연자 대담이 실린 책 '정신병과 모자이크 터부의 세계에 카메라를 향하다'가 발행되기도 했습니다. 그러나 출연한 몇 명의 환자는 이후 스스로 목숨을 끊었고, 영화는 그들에게 헌정됐다고 합니다.

📣 마음의 문제를 안고 사는 사람들은 그저 남들보다 조금 더 외로운 사람일 뿐이다

우리 마음속 깊은 곳에 있는 외로움에 대해서 잠시 음미해 보고, 스스로 자신을 돌보는 '치유적 의식'에는 어떤 것이 있는가 한 번 생각해 봅시다.

▥ 치료적 흥얼거리기

세상에 나만큼 소중한 존재는 없습니다. 그런 마음으로 하루하루를 살아간다면 '주인공의 삶'에 조금씩 다가갈 수 있지 않을까 싶습니다.

●●● <Fine>(태연), <힐링이 필요해>(로이킴)

유브 갓 메일 You've Got Mail
(1998)

노라 에프론 감독/ 톰 행크스, 맥 라이언

📽 누군가에게
따뜻한 위로와 휴식이 되는 사람이
되고 싶습니다

　인터넷으로 메일을 주고 받으며 사이버 공간에서 서로에게 호감을 갖고 있는 조와 캐슬린, 이들은 이름 대신 온라인상의 ID로 만납니다. 아마도 인터넷 연애의 시초를 담은 영화가 아닌가 싶습니다. 두 사람은 '문학'과 '뉴욕'에 대해서 채팅을 하며 서로에게 친밀감을 느끼게 됩니다. 실제로 매우 가까이에 살고 있었음에도 사이버 공간에서만 만나다 보니 우연히 마주칠 기회가 있었음에도 서로를 알아보지 못하고 지나치기도 합니다.

　고전작품 『모퉁이 서점』을 리메이크한 작품인 <유브 갓 메일>은 마을의 오래된 명소인 아동 전문 서점 주인과 대형 체인 서점 사장의 다툼과 사랑을 그린 스크루블(남, 여 주인공의 토닥거리는 말싸움과 이어지는 로맨스와 행복한 결말) 코미디입니다. 1998년 영화이니까, 현재의 관점으로 영화 속 PC통신은 인터넷이 매우 느리고, 어떤 소음을 내면서 연결되는 장면들이 매우 고전적으로 보여지기도 합니다. 잠시 20년쯤 전으로 돌아가서 그 시절의 '고전적 방식의 사랑'에 대해서 한번 생각해 보면 어떨까요?

■ 나누고 싶은 에피소드, 하나

'누군가에 대한 환상'은 있지

캐서린이 동거하던 남자친구와 매우 유쾌하게(?) 헤어지던 날, 동거남이 혹시 만나는 사람 있느냐고 물었을 때 했던 답변입니다. '일정한 거리'를 두고 누군가를 바라본다는 것은 실제로 '사랑의 건강성'을 유지하는데 필수적인 요소입니다. 배우자이든 동거자이든 간에 너무 밀착되어 있는 경우는 자신의 모습도, 상대의 모습도, 둘 사이의 모습도 제대로 알아가기 어려울 테니까요. 대형 체인 서점 사장인 조는 작은 동네 서점을 운영하는 캐서린에게 있어서 실제로는 자신의 사업을 폭망하게 만든 악덕 업주일 수도 있었지만, 캐서린의 환상 속에서는 한없이 멋진 사람이었습니다. 사업상 라이벌인 유명 체인 서점의 거물 조와 안락한 어린이 서점 주인 캐서린은 익명으로 이메일을 주고받으며 사랑에 빠집니다. 물론 상대방이 누구인지 알지 못한 채 말입니다.

⏣ 나누고 싶은 에피소드, 두울

'가끔 내 삶에 대해 고민해요'

캐서린이 조와 메일을 주고받으면서 자신에 대해 깊이 있게 생각해 볼 기회를 갖게 됩니다. 메일 내용 중에 이런 부분이 있습니다. "가끔 내 삶에 대해 고민해요. 그저 그런 삶을 살고 있지요. 살만한 가치는 있지만 대단한 건 아니지요. 때론 이런 고민도 합니다. 내가 좋아서 하는 것인지 아니면 용기가 없기 때문인지, 꼭 어떤 일이 닥치고 나서야 책에서 읽었던 것들이 생각나곤 하죠. 반대로 될 수는 없는 걸까요? 해답을 알고자 하는 건 아니예요. 단지 알 수 없는 허공에 이런 황당한 질문을 던지고 싶을 뿐이예요."

보통은 삶에서 자신의 경험의 비중이 크고 중요한데, 캐서린은 책에서 읽었던 경험의 비중이 더 많았던 것 같았습니다. 아마도 엄마가 운영하는 서점에서 어려서부터 책을 많이 접해서였겠지요. 하지만 무엇인가를 '책으로 배운다는 건' 실제의 경험과는 많이 다를 수도 있습니다. 우리의 삶 가운데 살아있는 경험과 그 외의 방법으로 배우는 경험들이 균형 있게 다뤄진다면 좋겠습니다. 요즘은 대부분 실제보다는 인터넷이나 SNS 등의 가상 공간에서의 만남이나 경험이 많은데, 한번쯤 깊이 있게 생각해 볼 부분인 것 같습니다.

🎬 영화로 내마음 읽어내기

'추억이 깃든 동네 서점 vs 대형 서점'은 바로 우리 주변의 이야기 입니다. 지금이야 4차 산업혁명, 인공지능에 대해서 논하는 시대이지 만 영화가 만들어진 1998년만 해도 컴퓨터조차 낯선 시대였습니다. 감 독은 이 과도기적인 시대를 방대한 물량과 할인, 안락한 의자, 합법적 인 중독음료(커피)를 제공하는 '체인 서점' vs 고객 맞춤 서비스를 제공 하는 '마을 서점'으로 그려냅니다. 뉴욕 웨스트사이드에 대형 서점 '폭 스'가 들어서면서 마을 서점들은 하나씩 문을 닫게 되고, 아이들의 놀 이터였던 서점 '길모퉁이'도 손님을 잃게 되고 결국은 문을 닫게 됩니다.

근처에 35%의 파격 세일을 하는 대형 서점이 들어오는 위협적인 상황 가운데서, 대를 이어서 운영되고 나름의 스토리가 있는 다양한 컨 텐츠를 가지고 있었던 작은 서점을 운영하고 있는 캐서린이 이런 말을 합니다. "가격 할인만으로 모든 게 다 해결되는 건 아니라 생각해요. 어 릴적부터 어머니를 지켜보면서 단순히 책만을 팔고 있는 게 아니란 것 을 알았어요. 어머니는 단순히 서점을 운영하는 것이 아니라 사람들의 잠재력을 일깨워 주는 걸 도와주고 계셨어요. 어렸을 때 읽은 책들은 지금까지 읽은 어떤 책들도 될 수 없는 자기 정체성의 일부분이 되었습 니다." 이 부분은 우리가 한번쯤 생각해 볼만한 내용인 듯 합니다. 그리 고 최근에는 테마가 있는 작은 서점들이 조금씩 생겨나고는 있는데 이 런 분위기가 지속적으로 이어졌으면 좋겠습니다.

또한 영화 속 러브라인을 보면서, 현실 속의 우리들에 대해 생각해 보았습니다. 누군가는 만나고 싶은데 적극적으로 나서기엔 이런저런 사정이 여의치 않고, 지인들의 소개팅도 신통치 않은 경험이 있을 것입니다. 다행히도 요즘은 다양한 소셜 미디어로 사람들을 이어주는 일도 많아지고 있습니다. 조금 진부한 얘기일 수도 있겠지만, 만남이 이루어졌다 하더라도 쉽게 만날 수 있는 만큼 실망도, 위험 부담도 크다는 사실을 간과해서는 안되겠습니다.

◀ 현실과 사이버 세계를 혼동하는 경우

채팅 연애 경험이 있는가? 나는 연애를 책으로 배웠는가?

■ 치료적 흥얼거리기

　내가 평소에 읽는 책들은 나의 정체성의 일부분이 됩니다. 잠시 나를 돌아보는 시간을 가져봅시다.

●●● <자격지심>(박경, feat 은하), <편지할게요>(박정현)

스틸 앨리스 Still Alice
(2015)

리처드 글렛저, 워시 웨스트모어랜드 감독 /
줄리안 무어, 알렉 볼드윈

🎞 지금이 내가 나일 수 있는 마지막 시간일거야

세 아이의 엄마, 사랑스러운 아내, 존경 받는 언어학 교수로서 행복한 삶을 살던 앨리스는 어느 순간 쉬운 단어가 기억나지 않았고, 약속을 잘 잊어버립니다. 그러던 어느 날 자신이 희귀성 알츠하이머에 걸렸다는 사실을 알게 됩니다. 행복했던 추억, 사랑하는 사람들까지도 모두 잊어버릴 수 있다는 사실에 두려움을 느끼는 앨리스, 하지만 소중한 시간들 앞에 온전한 자신으로 남기 위해 당당히 삶에 맞서기로 결심하며 하루하루를 살아갑니다.

영화는 실제로 누구나 영화 속 주인공처럼 경험할 수 있는 그런 사건을 다루고 있습니다. '알츠하이머'는 환자뿐 아니라 주변사람들도 모두 엄청난 영향을 받게 되는데, 한번쯤은 '만일 나에게 혹은 내 가족에게 이런 일이 생긴다면?' 하고 생각해 보고 마음의 준비를 하는 것도 의미 있지 않을까 하는 생각이 들었습니다.

■ 나누고 싶은 에피소드, 하나

이 사람만은 절대 그럴 것 같지 않았는데

비극과는 절대로 어울릴 것 같지 않은, 줄리안 무어가 가지고 있는 격조 있고 우아한 이미지는 알츠하이머로 인해 앨리스가 흐트러지고 허물어지는 과정을 극적으로 보여주며 감동을 줍니다. 자신이 점점 기억을 잃어가고 있다는 것을 직감하며 앨리스가 보여주는 그 당혹스러운 눈빛은 정말 쓸쓸했습니다. 앨리스의 초점 잃은 눈빛을 볼 때면 마치 그녀 내부에 커다란 구멍이 만들어지고 있는 게 아닐까 생각될 만큼 허무함을 느끼게 됩니다. 앨리스를 보면서 삶에서 많은 것을 이뤄낸 그녀가 내적인 감정의 혼란을 마지막 순간까지 이어가는 것이 안쓰럽기도 하였습니다. 특히, 끝까지 자기 자신을 인식할 수 있는 "차라리 암이라면 좋겠다."라고 이야기한 부분은 가슴깊이 공감이 되기도 하였습니다.

영화에서 앨리스는 마냥 좌절의 상태에 머물지 않고, 제목 그대로 앨리스는 어떻게든 계속해서(still) 자신이 사랑했던 사람들이 기억하는 앨리스로 남아있고자 했습니다. 알츠하이머가 한창 진행되던 와중에도 알츠하이머 학회에 나가 "이 세상의 일부가 되기 위해서, 예전의 나로 남아있기 위해서 애쓰고 있다. 순간을 살라고 스스로에게 말한다."라는 말로 환자들을, 또한 스스로를 위로하기도 합니다.

알츠하이머 환자의 가족 이야기

가족들은 앨리스가 알츠하이머라는 사실을 받아들이기 힘들어하고, 각자의 방식으로 앨리스를 대하고자 합니다. 앨리스를 위하는 마음은 같았지만 서로의 기준이 다르고 생각과 행동방식이 다르기 때문에 갈등이 생기기도 했습니다. 이처럼 가족들이 신경을 써주는 것도 잠시 뿐이었습니다. 치매 가족들에게 다가오는 현실의 무게란 생각보다 훨씬 더 컸습니다. 영화에서도, 현실에서도 결국 우리는 누군가를 희생양으로 삼으며 "치매 환자를 돌볼 수 있는 사람은 우리 가족 중 이 사람뿐이다."라는 말을 하게 됩니다. 실제로 앨리스를 돌보는 사람은 남편이었습니다. 또한 그동안 무능하다며 가족들에게 인정받지 못했던 막내딸이었습니다. 가장 가까이에서 나를 돌봐줄 가족이 있다는 것은 정말 축복된 일이겠지요. 결국 기억을 잃지만 '가족의 사랑'이라는 더 소중한 것을 얻는 앨리스의 모습은 영화의 결말을 따뜻하게 마무리해주는 것 같았습니다.

앨리스는 환자임에도 불구하고 알츠하이머 학회에서 감동적인 연설을 하게 되는 장면이 나옵니다. 흔히 말하는 '착한 치매'를 겪습니다. 앨리스는 이런 내용의 연설을 합니다. "나는 날마다 상실의 기술을 배우고 있습니다. 나는 평생 동안 기억을 쌓아왔습니다. 그러나 열심히 노력해서 얻은 것들이 이제 모두 사라져갑니다. 나는 고통스럽지 않습니다. 애쓰고 있을 뿐입니다. 이 세상의 일부가 되기 위해서 예전의 나로 남아있기 위해서입니다." 무엇인가를 잃어버리는 '상실'을 '기술'이라는 말로 표현한다는 것이 참 인상적이었습니다.

🎬 영화로 내마음 읽어내기

　누구나 예기치 않게, 이처럼 원하지 않는 질병에 걸릴 수도 있습니다. 세 아이의 엄마이자 사랑스런 아내로, 존경받는 언어학 교수로 살아오던 앨리스에게 알츠하이머 판정은 감당하기 어려운 일이었을 것입니다. 더구나 자녀에게 유전이 된다는 것이 더 속상하고 힘들지 않았을까 하는 생각이 들었습니다. 만약 가족 가운데 이러한 병을 앓고 있는 분이 계시다면 치매 환자의 행동적 변화, 인지적 변화, 심리적 변화를 주의 깊게 관찰하고 받아들이는 것이 필요할 것입니다. 영화에서는 안타깝게도 앨리스보다 오히려 가족들이 더 받아들이기 어려워했던 것 같습니다. 영화 속 주인공처럼 스스로 자신의 병을 잘 받아들이고 준비할 수 있는 사람들이 얼마나 있을까요? 쉽지 않은 일이라 생각합니다. 치매는 자신이 바라는 자신으로 죽을 수 없고, 사람들에게 좋은 모습으로 기억되지 못할 뿐 아니라 내가 이루어 놓은 모든 것들을 무너져 내리게 하는, 결국에는 자기 자신을 잊어버리는 아주 슬픈 병이라는 생각이 들었습니다.

　치매 환자가 여전히 자기 자신으로 남을 수 있는 방법은 주위의 소중한 사람들이 환자를 얼마나 사랑하고 관심을 가져주느냐에 달려 있는 것 같습니다. 누군가가 나를 알아주지 않는다면 결국 나 자신의 의미가 사라지는 게 아닐까 하는 생각도 들었습니다.

📢 나는 '상실의 기술'을 익히고 있는가?

최근 건망증 때문에 당황했던 경험이 있는가?

....

....

....

....

....

....

....

....

....

....

....

....

....

....

....

....

■ 치료적 흥얼거리기

무엇인가를 잃어버린다는 것에 대해 생각해 보는 시간을 가져봅시다.

엘리자베스 비숍 「한 가지 기술」 중에서

상실의 기술을 익히기는 어렵지 않다.

많은 것들이 언젠가는 상실될 의도로 채워진 듯하니

그것들을 잃는다고 재앙은 아니다.

날마다 무엇인가를 잃어버릴 것, 문 열쇠를 잃은 당혹감,

무의미하게 허비한 시간들을 받아들일 것

상실의 기술을 익히기는 어렵지 않다.

그리고 더 많이 잃고, 더 빨리 잃는 연습을 할 것

장소들, 이름들, 여행하려고 했던 곳들

그것들을 잃는다고 큰 불행이 오지는 않는다.

●●● <기억을 걷는 시간>(넬), <그대를 잊는다는 건>(다비치)

리틀 포레스트 2-겨울과 봄

Little Forest: Winter & Spring(겨울 이야기)

(2015)

모리 준이치 감독 / 하시모토 아이, 미우라 타카히로

▦ 마음 담은 음식이 사람을 가장 행복하게 한다

　　도시 생활에 지친 이치코는 고향인 코모리로 돌아와 정성스럽게
음식을 만들고, 혼자서 감사히 먹으며, 또 주변사람들과 나누면서 그
렇게 살아갑니다. 혼자 있다고 대충 먹지 않고, 귀한 손님을 초대한 것
처럼 정성껏 차려서 스스로에게 선물하듯 내는 밥상이 진정 나 자신을 소
중하게 여기는 길이 아닐까 하는 깨달음을 주는 영화였습니다. 영화 속
음식들은 소박하지만 정갈한 느낌으로, 보는 이들의 오감을 자극시킵
니다. 자연이 준 선물인 음식들을 보면서 자연에 감사함도 느끼게 하
는 그런 영화였습니다. 이치코는 혼자서 먹을 때도 예쁜 상차림과 함
께 맛있게 먹는데, 영화를 보는 내내 이러한 식생활을 닮고 싶은 마음
이 많이 들었습니다.

　　영화 <리틀 포레스트 2>의 겨울 이야기에서는 일곱 가지의 음식
이 소개됩니다. '단순히 먹는 이야기'가 아니라 음식과 함께 개인의 역
사도 함께 의미 있게 다뤄지는 깊이가 느껴지는 영화였습니다. MSG 없

는 건강하고 깔끔한 음식을 먹는 기분을 느끼실 수 있을텐데, 아마도 이런게 푸드힐링이 아닐까 생각됩니다.

📹 나누고 싶은 에피소드, 하나

내 엄마의 크리스마스 케이크

음식과 관련된 추억을 떠올려 보면, 아마도 어릴 적 엄마가 해주셨던 음식이 떠오르는 분들이 많을 것입니다. 이치코의 기억 속 음식 가운데에는 '크리스마스 케이크'가 있었습니다. 이치코에게 있어서 크리스마스 케이크는 '손님이 오실 때에만 먹을 수 있는 음식'이었습니다. 어릴 적 엄마와 단둘이 살았던 이치코는 크리스마스 시즌이 되면 파티를 하자고 졸랐습니다. 아마도 친구들처럼 크리스마스 파티의 추억을 갖고 싶었던 모양입니다. 그러나 그럴 때마다 엄마는 단호하게 "우린 기독교인이 아니야."라고 하면서 해주지 않았습니다. 그러다가도 엄마는 크리스마스에 손님(엄마의 외국인 남자친구)이 올 때는 근사한 케이크를 구워 주기도 했습니다. 엄마의 크리스마스 케이크는 팥과 시금치를 이용해 크리스마스를 상징하는 색인 빨강과 초록색을 넣은 특이하고 근사한 케이크였습니다. 물론 맛도 좋았고, 아이였던 이치코는 너무 행복했습니다. 그러나 이것도 엄마의 남자친구가 더 이상 왕래하지 않게 되자 먹을 수 없게 되었지만 말입니다.

누구나 어릴 적 음식과 관련된 추억이 있을 것입니다. 그 추억이

때로는 행복하지 않았던 기억이었을지라도 한번 떠올려 보시면 어떨까요? 그리고 지금이라도 그 음식을 다시 즐거운 경험으로 만들어 보면 어떨까? 하고 생각해 보면 좋을 것 같습니다.

🎞 나누고 싶은 에피소드, 두울

눈이 오면 수제비가 먹고 싶어진다

영화에서는 '차파티'라는 밀가루 떡 같은 것을 수제비 재료로 해서 만들어 냅니다. 흔히 우리가 '공갈빵'이라 부르는 것 같은 모양이었는데, 이치코는 이런 빵을 만들면서 친구와 환호성을 지르며 요리하고 맛있게 나눠먹습니다. 눈 오는 겨울에 먹는 수제비는 정말 일품이지요. 흔히 겨울이면 수제비와 군고구마가 생각나는데 이치코도 영화 속에서 군고구마를 스토브에 구워 고향친구와 나눠먹으면서 그간 객지 생활의 어려움들을 나눕니다. 이치코가 고향을 떠나 도시에서 직장 생활을 하는 동안은 주로 인스턴트 식품을 먹을 수밖에 없었습니다. 그러다가 숙소에서 채소라도 길러보려고 컵라면 통에 흙을 담고 순무씨를 뿌리고, 부지런히 물을 주고 정성을 쏟아 야채를 길러냅니다. 평소 일하는 곳에 도시락을 가지고 다녔는데, 주먹밥에 정성스럽게 된장을 발라 굽고, 즉석 순무절임, 꿀을 넣은 특제 달걀말이 반찬의 도시락을 싸가지고 다녔습니다.

고향에 돌아와 친구와 이야기를 나누면서, 객지 생활의 추억에 대해 이야기를 합니다. 그러면서 늘 빵만 먹던 남자동료에게 도시락을 나눠주었던 이야기를 하면서 "내가 남자라면 이런 도시락을 싸오는 여자에게 반할만 하지?" 하고 친구에게 추억들을 이야기하기도 합니다. 물론 당시의 그 남자동료는 이치코의 도시락만 좋아했다는 것이 문제이기는 했지만 말입니다.

영화로 내마음 읽어내기

영화는 씨를 뿌려 수확한 작물로 밥을 지어먹는 이치코의 일상과 그 과정에서 자신의 마음의 변화를 들여다보는 이치코를 사려 깊게 그려냄으로 감동을 줍니다. 잔잔한 풍경 속의 정성가득한 음식 이야기, 정갈한 음식을 마주하고 이야기를 나누는 친구들이 있고, 이것만으로도 힐링이 되지 않았을까요? 영화에서처럼 싸웠던 친구가 맛있는 카레와 함께 화해를 요청하듯이 우리도 음식으로 상처 입은 마음들의 소통을 배울 수 있다면 좋겠습니다. 바로 그런 것이 인간미 넘치는 삶이 아닐까 생각합니다.

또한 영화에서는 겨울에만 만들 수 있는 얼린 무말랭이, 곶감, 팥요리, 염장채소 이야기들도 자세하게 나오는데 이치코에게 한번 배워보아도 좋을 것 같습니다. 한번 도전해 보면 어떨까요? 이치코는 부지런한 코모리 사람들이 농사를 지어온 역사를 들으면서 '사람을 살리는 음식'을 하는 것의 중요성도 알게 되었는데, 코모리 사람들은 진정 마음 깊은 곳에서 이러한 생활을 즐기고 있는 듯 했습니다. 장면마다 요리와 함께하는 아름다운 추억을 떠올리게 하는 따뜻함이 느껴졌는데 추운 겨울에 우리도 그렇게 마음을 나눌 수 있다면 좋겠습니다.

📢 겨울이 되면 유난히 먹고 싶어지는 음식이 있나요?

나를 위한 근사한 식탁을 계획해 봅시다.

■ 치료적 흥얼거리기

　　누군가와 함께 밥을 먹으며 정들었던 추억들을 떠올려 봅시다. 그리고 또 누군가
와 함께 밥을 먹으면서 새로운 추억들을 만들어 봅시다.

　　　●●● <겨울 아이>(수지), <너아님 안돼>(2NE1)

실버라이닝 플레이북

Silver Linings Playbook

(2013)

데이비드 O. 러셀 감독 /
제니퍼 로렌스, 브래들리 쿠퍼

📽 **내 안에는 추한 부분이 있지만 난 그걸 좋아해요,**
그래도 한줄기 희망이 있으니까요

    아내의 외도(스트레스가 불러일으킨 망상)를 목격하고 한순간 감정이 폭발해 사고를 친 팻은 아내, 직장, 집은 물론 정신까지 잃게 되며 정신병원에 가게 됩니다. 8개월 후 퇴원하게 된 팻은 '긍정의 힘'을 믿으며 아내와 자신의 인생을 되찾기 위해 고군분투합니다. 또한 이웃에 사는 티파니는 남편의 죽음 이후 조금 과한 자유를 누리고 살면서 저돌적인 대시와 내숭 없는 애정 표현으로 팻의 인생에 갑자기 뛰어 들어옵니다. 이렇듯 팻과 티파니가 자신만의 방식으로 스스로 지니고 있는 광기에 대응하는 독특한 모습들을 재미있게 풀어가는 영화입니다. 아내를 잊지 못하고, 티파니를 부담스러워하는 팻에게 '팻을 위해 헤어진 아내와의 재결합을 도와주겠다'는 제안까지 하면서 지속적으로 다가옵니다. 그리고 결국에는 사랑 때문에 고장난 러브멘탈을 복구하고 그들만의 실버라이닝을 찾아갑니다.

제목을 이해하는 것이 영화를 이해하는데 도움이 될 것 같은데, '실버라이닝'은 '구름의 흰 가장자리'라는 뜻입니다. '한줄기 빛나는 희망' 같은 것을 의미하는 것입니다. 미국 속담 가운데 'Every cloud has a silver lining.'이 있습니다. '아무리 안좋은 상황에서도 한가지 긍정적인 측면은 있다'는 말입니다. 그리고 '플레이북'은 각본이라는 뜻도 있고, 어떤 일을 실행하기 위한 계획, 전술의 의미도 있습니다. 팻의 대사 가운데 이런 부분이 있습니다. "할 수 있는 모든 것들을 해야해요, 긍정적인 마음으로 살면 한줄기 희망의 빛이 보일꺼예요."

■▶ 나누고 싶은 에피소드, 하나

◦ 아픔을 가진 주인공들의 치유 과정에 대하여

아픔을 가진 두 주인공의 치유 과정에 '춤'이라는 매체가 등장합니다. 티파니가 "감정을 느껴봐."라고 제안하며 춤을 추는 장면이 특히 인상적이었습니다. 실제로 영화 이야기 모임 같은데서 이야기를 나눠보면, 이 영화를 보면서 많은 이들이 '기회가 된다면 나도 춤을 한번 춰보고 싶다'라는 고백을 하기도 합니다. 실제로 예술치료 임상현장에서 '무용·동작치료'가 보여주는 효과는 정말 대단합니다. 누구나 움직임 자체가 주는 치유의 힘을 경험해 본다면 심리적으로 어려움을 겪는 이들에게 실질적인 도움이 된다는 것을 알게 될 것입니다. 물론 단순한 움직임도 좋고 음악과 함께하는 치료적 움직임도 매우 유익합니다. 또한 규칙적으로 하는 운동도 삶에 활력을 준다는 것은 아마도 많이 알고 계실 것입니다. 정기적으로 운동을 하다가 일이 생겨서 운동을 좀 쉬거나 하게 되면 감정의 변화도 동시에 오는 것을 경험하셨던 분들도 있을 것입니다. 우울증에 효과적인 '행동활성화치료'라는 기법도 있는데 이처럼 움직임이 주는 활력을 경험하는 것은 삶에서 매우 중요합니다.

❸ 나누고 싶은 에피소드, 두울

지지체계가 되어주는 가족들이 있다는 것

성장해 오는 동안 아버지의 일방적인 의사소통 방식으로 인해 불편감을 느꼈던 팻에게 아버지가 진정한 사과를 하는 장면이 나옵니다. 이어서 팻이 감정에 솔직해지는 상황으로 변화되는 과정은 참으로 감동적이었습니다. 이렇듯 가족의 무조건적인 지지는 무엇보다 중요합니다. 실제로 심각한 스트레스가 급격한 망상을 불러일으키기도 합니다. 예를 들어, 심리 검사를 하면 아직 진단을 내리기는 어렵지만 어떤 정신병리의 경계선에 있는 성격 유형을 가진 이들이 있습니다. 이들에게는 스트레스가 가중되면 심각한 정신병리로 이어질 수 있는 위험요인들이 많은데, 이러한 경우 가족의 지지체계가 매우 중요합니다. 예를 들어, 자녀들에게 일관성 있게 대하는 것, 예측 가능한 상황 가운데서 비난하지 않고 양육하는 것이 매우 중요하다고 할 수 있습니다.

영화 속에서 팻의 형이 팻에 대해 평가하고, 티파니의 언니가 티파니를 평가하듯이 누군가 다른 사람에 대해 평가하거나 비난하는 것이 정당한지 한번쯤 생각해 보았으면 좋겠습니다. 뒤틀린 부분을 그대로 받아들이는 티파니와 뒤틀린 부분을 개선하고 싶어 하는 팻은 서로 다른 듯 닮아있기도 합니다. 사람들은 누구나 어떤 면으로든 뒤틀린 구석을 가지고 있습니다. 그러나 그 뒤틀린 면을 스스로 들여다볼 수 있고, 동시에 다른 이들의 뒤틀린 면들을 그대로 수용해 줄 수 있는 여유가 있다면 관계 속에서 심각한 어려움은 경험하지 않을 것입니다.

🎬 영화로 내마음 읽어내기

티파니처럼 신경증 증세가 있는 사람에게 대놓고 미쳤다고 소리치고 독설과 함께 직면시킬 수 있는 사람이 내게는 있는지 한번 생각해 보면 좋을 듯 합니다. 때로는 보호하고 감싸주며 안아주는 것만이 최선이 아닌 경우도 있습니다. 어떤 경우에는 '직면'을 통해 더 빠르게 통찰에 도달하기도 합니다. 주변에 나에게 이런 통찰을 줄 수 있는 사람들이 있는지 한번 돌아보았으면 합니다. 개인적으로 저는 최근에 예술치료사들과 모임을 한 적이 있는데 이야기하던 중에 그날은 자연스럽게 '냄새'와 관련된 이야기를 하게 되었습니다. 어찌보면 가까이 있는 사람에게 쉽게 하기 힘든 말인데 예를 들어, 누군가에게 어떤 불쾌한 냄새가 날 때 그 사람에게 '사실'을 이야기해 주는 용기도 필요하지 않을까 하는 그런 이야기들을 나누었는데 나름 의미가 있었습니다.

팻은 강박증 아버지 밑에서 사랑받았던 형과는 달리, 자신은 버림

받았다는 망상으로 허기짐을 채웁니다. 티파니 역시 자신의 이기심으로 남편이 사망하였다고 자책하며 자기 처벌적인 행위를 합니다. 그리고 주변의 많은 사람들과 성적 관계를 맺으면서 자신의 허한 마음을 채우려고 하나 채워지지 않는 현실을 자각하고 춤으로 욕망을 승화시킵니다. "인생이 마지막으로 준 기회, 삶이 주는 기회를 잡지 않은 건 죄야."라는 대사가 특히 인상적이었던 영화였습니다. 영화를 통해 '내 인생의 기회를 잡았는가?' 라는 질문을 자신에게 해본다면 좋겠습니다.

📢 **아픔을 가진 두 주인공의 치유 과정에 '춤'이라는 매체가 등장합니다. '나를 치유하는 매체'에는 어떤 것들이 있는지 생각해 봅시다.**

....

....

....

....

....

....

....

....

....

■ 치료적 흥얼거리기

세상에는 나를 지지해 주는 사람도 있고, 아픈 현실에 직면하도록 밀어내는 이들도 있습니다. 그래도 우리가 살아가야 하는 이유는 언젠가 보여질 한줄기 희망 때문인 것입니다.

●●● <좋은 사람있으면 소개시켜줘>(럼블피쉬), <늑대와 함께 춤을>(임창정)

매기스 플랜 Maggie's Plan
(2017)

레베카 밀러 감독 / 그레타 거윅, 에단 호크

🎞 싱글맘이 될 계획을 과연 이룰 수 있을까?

    매기는 두 가지의 계획을 짜는데 그 계획이라는 것이 독특하고 흥미롭습니다. 첫 번째 계획은 아이를 낳는 것입니다. 매기는 싱글맘이 되기로 결심하고 수학을 잘했던 대학 동창에게서 정자를 기증받아 인공수정을 시도합니다(아마 매기가 평소 수학에 콤플렉스가 있지 않았나 하는 생각이 드는 장면이었습니다). 그러던 중 의도치 않게 매기가 일하던 대학의 유부남 동료강사인 존과 사랑에 빠져 결국 결혼을 하고 아이를 낳게 됩니다. 이런 식으로 아이를 낳는 첫 번째 계획을 이루게 됩니다. 그리고 황당하게도 두 번째 계획은 현재의 남편을 원래 아내의 곁으로 보내는 것입니다. 매기는 이 두 번째 계획을 통해서 '싱글맘'이 되고자 했던 원래의 첫 번째 계획을 완벽하게 이루려고 노력합니다.

    영화의 스토리가 조금 현실감이 없지 않나? 하고 생각하시는 분들도 있으리라 생각합니다. 그러나 영화의 배경이 뉴욕이라는 것을 보고 어쩌면 '가능할지도 모른다'라는 생각이 들었습니다. 뉴욕이라는 배경은 일상적이지 않은 모든 것이 자연스럽게 받아들여지는 곳이니까, 이런 사랑의 모습들도 가능하지 않았을까 싶습니다.

📹 나누고 싶은 에피소드, 하나

삶에 아이를 살짝 얹어 놓고 행복한 싱글맘이 되려고 했던 계획

싱글맘이 되려했던 매기가 한순간 사랑에 눈이 멀어 결혼을 하게 됩니다. 그렇게 시간이 지나 아이를 낳았고, 그 아이는 말을 하고, 걸음마를 하게 됩니다. 연애할 때는 소설을 쓰고 싶다며 작업 중인 소설을 보여주고 즐겁게 이야기를 나누곤 했던 낭만파였던 남편은 대하소설을 쓰는지 좀처럼 탈고를 못하고 빈둥거리기만 하고, 딸을 돌보는 일도, 돈을 버는 일도 결국 매기의 몫이 됩니다. 심지어 남편과 전처 사이의 아이들을 가끔씩 돌보고 픽업하는 일마저 매기가 해야만 합니다. 행복한 싱글맘이 되려했던 첫 번째 계획은 어디 갔는지, 정신을 차려 보니 사랑의 마법은 이미 깨졌고 몸을 움직여 보니 매기의 발에는 여러 개의 모래주머니가 달려있었습니다. 아마도 현실적인 삶의 짐이었지요. 매기가 살기 위해서는 이 주머니들을 떼어내야만 하는 상황이 되었습니다.

연애 때의 존은 자신을 이해하고 소설을 좋아해 주는 사랑스러운 매기와 불같은 사랑을 했습니다. 쓰고 있던 소설의 내용을 구체적으로 나누며 함께 보내는 시간들이 그들에게는 정말 행복한 시간들이었습니다. 그러나 알고 보니 당시 존이 썼던 소설의 내용들은 대부분 당시의 존의 아내였던 전처와 관련된 이야기들이었습니다. 아내의 단점을 아주 구체적으로 묘사하고 아내로부터 오는 스트레스를 매기와 이야기하며 해소한 것이 아닌가 하는 생각이 들었습니다. 그리고 그러한 내용을 소설과 관련된 토론이라 하면서 매기와 함께 아내를 험담한 것이었습니다. 실제로 아내 입장에서 보면 존은 정말 몹쓸 남편이었습니다. 그런데 나중에 매기와 결혼을 하고 나서 어느 정도 시간이 흐른 뒤에는 또 다른 소설의 등장인물에 매기와 같은 인물이 등장합니다. 이것을 매기가 발견하고 불같이 화를 내기도 합니다. 정말 존은 너무 심하다는 생각이 들었습니다. 그러면서 사랑하면 사랑하는 대로, 사랑이 식으면 식은 대로 누구나 감정은 변할 수 있다는 것을 수용해야한다는 것이 조금 씁쓸하기도 했습니다.

◉ 나누고 싶은 에피소드, 두울

매기의 발에 달려있는 여러 개의 모래주머니들

매기의 두 번째 계획은 어찌 보면 현실적으로 불가능해 보이기는 하지만, 매기는 남편을 원래 아내의 곁으로 돌려보내는 계획을 하게 됩니다. 막상 결혼 생활을 하다 보니 자신에게 너무도 어려운 상황들이 지속되는데 더 이상 그러한 상황들을 감당할 자신이 없었습니다. 그냥 싱글맘으로 딸과 함께 살고 싶은 마음만 있었습니다. 윤리나 도덕 같은 것을 따지기 이전에 그냥 한 인간으로서의 매기의 마음을 공감한다면 그냥 그럴 수도 있겠다는 생각이 들기도 했습니다. 결혼이라는 것이 그냥 감정적 동요만으로 결정해서는 안되는 것이라는 것을 매기는 아마 몰랐던 모양입니다. 알았더라도 그렇게 행동하기는 쉽지 않았겠지만 말입니다. 결혼이라는 것은 누군가를 담아낼 그릇이 준비되었을 때 해야하는 정말 쉽지 않은 일입니다. 이러한 마음의 준비를 가지고 결혼을 했을 때, 아마도 모래주머니들을 감당할 수 있는 상태가 되거나, 모래주머니의 개수가 적어지거나 하지 않을까 생각됩니다.

매기는 두 번째 계획을 이루기 위해 심사숙고하다가 존에게 아직 감정이 남아있는 전처에게 접근하여 그녀와 함께 계획하고 결국은 성공하게 됩니다. 이처럼 모든 계획이 성공적인 결과를 보장하는 것은 아니고, 실제로 현실에서 계획대로 되는 일이 그렇게 많지 않을 수도 있습니다. 그렇지만 한 가지 확실한 것이 있다면 계획을 짜는 사람은 인생의 변화와 개선을 갈망하는 사람이라는 것, 갈망하는 사람은 갈망하는 결과에 더 가까이 다가갈 확률이 높다는 것입니다.

🎬 영화로 내마음 읽어내기

아이는 갖고 싶지만 결혼은 원치 않는 감성파 뉴요커 매기는 소설가를 꿈꾸는 어른 아이 같은 존을 만나고, 사랑하고, 결혼하고, 그러다가 예상이 빗나가서 다시 황당한 계획을 세웁니다. 영화에서는 '책'이라는 매체가 참으로 다양하게 쓰이는 것 같았습니다. 존의 전처였던 조젯은 콜럼비아 대학 인류학과의 종신교수로 나오는데, 조젯은 자신은 장미이고 남편은 정원사라고 생각하며 살아온 사람이었습니다. 그러다가 남편의 외도로 이혼을 하게 되고 멘붕에 빠지지만, 이런 남녀관계와 가족관계를 인류학적 연구주제로 삼아 새로운 책을 쓰면서 상처를 극복합니다. 또한 존은 매기에게 자신의 원고를 읽어봐 달라고 하면서 접근하여 결국에는 서로 가까워졌고, 조젯은 자신의 이야기를 책으로 쓰면서 상처를 치유해 나가는 등, 스토리 자체가 책에서나 있을 법한 내용이라는 생각이 들기도 했습니다. '인생은 각본 없는 소설'이라는 말이 있습니다. 삶의 주인공 의식을 가지고, 소설 속의 주인공처럼 살아보는 것도 삶을 풍요롭게 하는 방법 가운데 하나가 아닐까 하는 생각을 해보았습니다.

📢 매기처럼 약간 황당한 계획일지라도 평소 꿈꾸고 기대하는 계획이 있나요?

계획을 하면 원하는 것에 조금 더 가까이 갈 수 있습니다.

....

....

....

....

....

....

....

....

▰ 치료적 흥얼거리기

최근 젊은이들 가운데 일부는 '관계에 대한 책임'은 회피하고 싶고, 아이와 함께 하는 경험은 소유하고 싶어 하는 경향이 있습니다. 이러한 마음의 원천이 어디에서 오는 건지? 한번쯤 생각해 보면 좋을 것 같습니다.

●●● <사랑은>(리쌍, feat 정인), <Fiction>(비스트)

사랑의 시대 The Commune
(2017)

토마스 빈터베르그 감독 / 트린 디어홈, 율리히 톰센

▦ 🎞 남편에게 여자가 생겼다. 나는 그녀와도 같이 살기로 했다

'공동체'라는 원제를 가진 덴마크 영화입니다. 1970년대 덴마크의 저택을 배경으로 공동체 생활을 시작한 열 명의 남녀 이야기를 통해 개인과 집단의 관계에 대해서 생각해 보면 좋을 것 같습니다. 주인공인 에릭과 안나는 갑작스럽게 넓은 집을 상속받고 유지에 어려움을 느낍니다. 평소 공동체 생활에 동경을 품고 있던 안나는 당시 결혼 생활에 약간의 권태감을 느끼고 있던 차에 오랜 친구들을 하나씩 집으로 불러들여 공동체 생활을 제안합니다. 함께 결정하고, 함께 나누는 공동체의 삶은 누구나 한번쯤 꿈꾸던 삶의 모습이 아닐까 생각됩니다.

영화 <사랑의 시대> 속 공동체 가족의 모습은 얼핏 보면 이상적으로 보입니다. 나이도, 성별도, 국적도 다른 사람들이 모여 적절한 규칙 안에서 평등한 관계를 맺고 살아가는 이야기입니다. 여기에는 어떤 물질적, 계급적 차별도 없고 구성원들을 얽매는 전통도 없습니다. 우리 사회에 뿌리 깊게 자리하고 있는 계급구조가 해체되고 모두가 '개인의 입장'에서 바라보는 공동체 생활에 대한 이야기입니다. 불평등이 만연한 요즘 우리 사회의 시각에서 이러한 이상적인 설정은 좋아 보이기도 했습니다. 영화를 통해 평소에 이런 이슈에 관심이 있었던 분들은 진지하게 생각해 볼 기회를 가져보시면 좋을 것 같습니다.

🎥 나누고 싶은 에피소드, 하나

한없이 이상적인 모습을 그려낸 영화 초반의 공동체 모습

영화의 시작 장면에, 상속 받게 된 커다란 집을 둘러보며 부부가 대화를 나누는 장면이 있습니다. 에릭이 "집이 크면 유대감을 잃게 돼. 많은 연구결과가 그래. 서로 느끼고 보는 게 중요하거든."이라고 말합니다. 이때 안나는 이렇게 말합니다. "좁은 데 살면 속도 좁아지겠지. 당신 건축가잖아. 큰 집에 살아야지." 또 에릭은 "난 건축가가 아니야. 왜 자꾸 그 소리야? 난 대학교수이고, 지나치게 큰 집에 살면 유대감을 잃는다는 게 내 지론이야."라고 말합니다. 어쩌면 에릭이 이런 말을 한 것이 직감적으로 앞을 내다본 말이 아니었을까 하는 느낌이 들기도 했습니다.

동시에 전형적인 집단주의의 형태이면서도 동시에 개인을 존중한다는 태도는 영화 초반의 분위기를 밝게 그려냄으로 표현합니다. 그러나 모든 개인의 욕망과 지향이 일치한다면 좋겠지만, 집단의 이익이라는 공동의 목표를 달성하는 과정에서 반드시 누군가의 희생이 필요했습니다. 그렇지만 이 희생은 필수가 아닌 선택이라는 점에서 주목할 필요가 있습니다. <사랑의 시대>는 안나와 에릭의 사연을 통해 집단 구성원들 사이에 강제되는 희생의 맹점을 찌르며 점점 더 깊은 질문을 던지며 이야기가 진행되어 갑니다.

❸ 나누고 싶은 에피소드, 두울

너무 쿨한척 했던 안나의 실수에 대하여

영화 초반의 밝은 공동체의 모습 뒤에는 곳곳에 개인의 어두운 과거들이 존재합니다. 사랑이라는 건 언제나 마음대로 되지 않는가 봅니다. 영화의 초반부에서 에릭과 안나는 분명히 사랑하는 사이였습니다. 공동체 생활이 시작됨과 동시에 일대일 관계였던 둘의 바운더리에 시끄러운 소음이 침투하고, 부부의 소통은 점점 사람들의 이야기 속에 묻혀갑니다. 그리고 결국 이들은 감정상실의 관계로 이어지고 맙니다. 그러다가 대학교수인 에릭은 매력적인 학생 엠마와 사랑에 빠지게 되고, 엠마와 함께 살기 위해 집을 나갑니다. 한없이 단단했던 이상에 금이 가기 시작하고, 공동체를 지키기 위해 둘 중 한 명의 희생이 필요한 상황이 되어버립니다. 그런데 이 '희생'이라는 것이 참 가슴 아픈 일이었습니다. 이때 안나는 아마도 엠마와 함께 할지언정, 에릭을 떠나보내지는 못하는 슬픈 사랑을 시작하게 됩니다. 결국 공동체 안에 엠마가 들어오게 되고, 이러한 과정에서 안나는 너무나 쿨한 모습을 보여

준 나머지, 한집에서 남편과 남편의 연인과 함께 살게 되는 황당한 일
이 벌어지게 됩니다. 안나가 괜찮은 척, 인정하는 척 하니 공동체의 동
료들도 조금씩 엠마를 인정하게 되고, 결국 암묵적으로 에릭과 엠마의
관계를 인정해 주는 분위기로 가게 됩니다. 안나는 고립을 회피하려다
가 결국 혼자 고립되고 맙니다. 이때 괴로워하는 안나에게 딸 프레아
는 엄마가 독립해서 살았으면 좋겠다는 새로운 제안을 합니다. 어쩌면
프레아가 제안한 대로 안나가 공동체를 떠나는 것이 안나의 진정한 자
아를 찾아가는 길이 아니었을까 하는 생각이 들었습니다.

🎬 영화로 내마음 읽어내기

혼자 살아간다는 것은 쉽지 않은 일인 모양입니다. 그래서 같이
모여 살고 다양한 공동체를 이루며 살지만 '군중 속의 고독'이란 말처
럼 함께 있어도 외롭고, 다른 한편으로는 인간관계가 버거워서 혼자 있
는 것을 택하는 사람들도 점점 많아지고 있는 것 같습니다. 빈터베르그
감독은 대안가족의 한 형태로 공동체 생활을 소재로 선택하며 초반부
에는 공동체 생활에 대하여 무척이나 낭만적이고 피상적인 접근 방식
을 취합니다. 그러나 후반부로 갈수록 <사랑의 시대>는 전형적인 남
녀의 삼각관계에 매몰되며 그 속에서 소외된 이가 파멸하는 과정에 집
중하는 식으로 이루어집니다. 이는 공동체 생활과 폴리아모리(다자간
의 사랑)에 대한 회의이기도 합니다. 남편이 사랑하는 여자와 살면서 우
리가 어떻게 될지 지켜보자는 안나의 모습은 마치 열려있는 모습인 것

처럼 보이지만, 결국 사랑의 권력관계에서 완전히 배제된 이의 도전은 철저한 실패로 돌아갈 수밖에 없음이 드러나게 됩니다. 독점적인 사랑의 방식과 가족의 형태라는 오랜 관습에서 벗어나려는 낭만을 뻔한 삼각관계 속으로 몰아가는 방식으로 지극히 현실적으로 그려냈습니다.

우리 모두는 함께 있어도 외롭고 혼자 있어도 외롭습니다. 외롭다는 실존을 거부할 수는 없습니다. 외로움을 받아들이고 그 속에서 당당하게 존재감을 유지하며 살아가야만 하는 것입니다. 사랑이라는 건 언제나 내 마음대로 되지 않는 것 같습니다. 마치 침대에 누워있는 안나의 손 틈 사이로 햇살이 빠져나가듯 따뜻하지만 쉽게 잡을 수 없는 그런 감정인 것입니다. 영화 초반의 "집이 크면 유대감을 잃게 돼."라고 했던 에릭의 말이 자꾸 마음속에 맴돕니다. 에릭과 엠마와의 관계를 알게 되었을 때, 뺨을 때리거나 이혼 서류를 준비함이 마땅할 상황임에도 안나는 자기 감정을 표출하는 대신 엠마에게 '같이 살자'는 황당한 제안을 합니다. 감정과 쾌락마저 집단 공유하고자 하는 자신의 권리까지 포기한 무모한 희생이었습니다. 동시에 매일 밤 남편의 불륜을 바라보는 안나의 내면은 점점 병들어 갑니다. 부부간 관계에서 제안하고 대화하고 합의하는 과정이 소통에 있어서 매우 중요한데, 공동체 속에서 이들 부부는 오로지 제안을 할 수밖에 없으며, 결정은 무조건 다수의 의견이 수렴되어야만 합니다. 그래서 이들은 함부로 자신의 권리를 주장하지도 못하는 공동체의 한계를 느끼게 됩니다. 늘 이상과 현실의 괴리감은 존재합니다. 영화 <사랑의 시대>를 통해 공동체와 개인의 의미에 대해서 한번 생각해 보시면 좋을 것 같습니다.

📢 언젠가 공동체 생활을 한다면 함께하고 싶은 이들이 있는가?

공동체의 규칙을 정한다면 어떻게 하는 것이 좋을까?

....

....

....

....

....

....

....

🎞 치료적 흥얼거리기

함께 있어도 외롭고, 혼자 있어도 외롭습니다. 잠시 외로움을 음미해 보는 시간을 가져봅시다.

●●● <Talk to me>(투개월), <Goodbye yellow brick road>(Elton John)

아빠를 빌려드립니다
(2014)

김덕수 감독 / 김상경, 문정희

🎞 대한민국을 웃고 울릴 아빠 렌탈 프로젝트

여러분에게 아빠는 어떤 존재인가요? 사람마다 다르겠지만 아마 많은 분들이 아빠를 친구 같고, 편안한 존재라고 생각할 것입니다. 주인공 태만은 명문대 출신이지만 하는 일마다 실패하며 10년째 백수 생활 중입니다. 평소 아내에게 '아무짝에도 쓸모없는 인간' 이라는 소리를 자주 듣습니다. 미용 기술이 동네 최고인 생활력 강한 슈퍼맘 지수에게 집에서 빈둥대며 잔소리만 듣는 아빠를 보다 못한 엉뚱한 딸 아영은 서로의 물건을 나누는 '학교 나눔의 날' 행사에서 폭탄선언을 합니다. "저는 물건 대신 우리 아빠를 내놓겠습니다."라고 말입니다. 이러한 아영의 황당한 발언에 모두들 놀라지만, 그날 이후 태만에게 아빠 대행을 원하는 문자와 연락들이 오기 시작하고 태만은 이 황당한 아이템으로 사업을 시작하게 됩니다.

불과 몇 십년 전만 해도 집안의 가장, 즉 '아빠'의 존재는 어렵고 저항하기 힘든 권위의 상징이었습니다. 아빠는 항상 식탁의 중앙에 앉

으셔야 했고, 맛있고 좋은 음식도 늘 아빠 먼저, 그렇게 가정의 중심에는 늘 가장인 아빠가 있었습니다. 온 가족이 집에서 각자 할 일을 하다가도 아빠가 퇴근해서 들어오시면 모두들 현관에 나가서 "아빠 들어오셨어요?" 하고 인사하는 것이 너무나 당연했습니다. 그러나 요즘 가족들의 삶은 그렇지 않은 것 같습니다. 이제 아빠의 권위와 권력은 고스란히 아이들의 몫이 되었으며, 가장의 권위는 사라진지 오래된 듯 합니다. 최근에는 자녀가 하나에서 많아야 둘이다 보니 아이들이 가족의 중심이 되는 경우가 많습니다. 안타깝게도 서열이 바뀐 것입니다.

상담현장에서도 변화들이 있습니다. 예를 들어, 바쁜 엄마를 대신해서 아빠가 아이를 데려오는 경우가 늘어나고 있습니다. 그런 아빠를 아이들이 무서워하기는커녕 엄마보다도 더 우습게 여기는 경우가 많습니다. 아이들에게 아빠는 그저 돈이나 벌어다 주고 운전이나 해주는 그런 머슴같은 존재일 뿐이지요. 물론 자녀양육에 있어서 동등하게 개입하는 바람직한 측면도 있습니다. 실제로 제 상담 사례 중에는 맞벌이 부부였는데 아이의 문제를 해결하려면 부모 중 한 명이 휴직을 해서 적극적으로 양육에 개입해야 하는 상황이었습니다. 심각하게 상의하는 가운데 결국 남편이 양육을 담당하는 것으로 결정했습니다. 남편은 비교적 복직이 쉬운 직업이었고 남자아이라 아빠가 함께 놀아주는 것이 유익하다는 판단으로 1년가량을 아빠가 휴직하고 아이를 돌보는 경우도 있었습니다. 현대 사회에서 '아빠의 권위'는 가정이나 학교, 직장과 사회를 이끌어가는 데 중추적인 역할을 했던 '어른'을 상징한다고 생각합니다. 이것은 비단 남성들만의 몰락을 의미하는 것은 아닙니다. 우리 사회에 이런 '어른'이 사라지면서 질서가 무너지고 있다고 느끼는 위기감에 대해서도 한번 생각해 보았으면 해서 이 영화를 선정하게 되었습니다.

■ 나누고 싶은 에피소드, 하나

'인간아 밥값 좀 해라!'

태민은 10년째 백수 생활을 하고 있으면서 하루 종일 TV 홈쇼핑에 빠져있습니다. 심지어는 쇼 호스트와 혼자만의 대화도 나누면서 말입니다. 그럴 때마다 아내는 "너 또? 이 쓸모없는 인간아, 밥값 좀 해라!"고 말하면서 태만을 무시합니다. 서울대 출신에 허우대만 멀쩡할 뿐, 철없이 아이와 싸우기나 하는 남편을 도무지 마음에 들어 하지 않습니다. 그리고 이런 엄마와 아빠를 바라보는 딸 아영은 늘 마음이 좋지 않았는데, 이때 생각해 낸 것이 '아빠를 빌려주는' 아이템이었습니다. 말하자면 아빠의 일자리를 딸 아영이가 창출해 낸 것이지요. 물론 아영이 '중고나라'에 아빠를 올린 것은 좀 심하긴 했지만 말입니다.

'아빠를 빌려드립니다' 사업을 시작하면서 알게 된 사실은 우리 사회에서 실제로 '아빠'의 역할이 너무나 필요하다는 것과 필요할 때 있어 줄 아빠가 없다는 것이었습니다. 실존적인 부재와 관계의 단절로 인한 부재가 동시에 존재하는 것이지요. 영화 속 이야기 가운데 자신과 엄마를 버리고 간 아버지에 대한 분노로 태만에게 아버지 대행을 신청한 소녀 이야기가 있었는데, 술을 함께 마시며 아버지에 대한 분노로 태만을 아버지로 감정이입해서 때리기까지 했습니다. 아버지 역할을 대행하는 일이 정말 쉽지만은 않아보였습니다. 또 경제적으로는 아주 여유 있지만 왕따 당하는 딸을 혼자 키우면서 소통의 어려움으로 갈등을 하는 부녀관계에 대한 이야기도 다양한 각도로 그려졌습니다. 그리고 남편 없이 아이를 낳기 위해 아버지가 필요했던 미혼모도 있었고, 무엇보다도 아영의 반 친구 진태네 가족은 아버지가 사고로 돌아가신 후 엄마와 치매에 걸린 할머니와 살고 있었는데 진태는 아영이 아빠가 진짜 아빠였으면 좋겠다는 말을 하면서 학교에서 아영이와 몸싸움을 벌이기까지 하는 등 아빠의 존재가 소중하게 그려졌습니다.

🎞 나누고 싶은 에피소드, 두울

아빠라는 존재의 의미

아영이는 서로의 물건을 나누는 '학교 나눔의 날'에 "저는 물건 대신 우리 아빠를 내놓겠습니다."라는 폭탄선언을 합니다. 당시에 다른 친구들이 내어놓은 물건이 하나도 마음에 들지 않았던 부잣집 아들 진태는 아영의 아빠 태만을 선택합니다. 그날 태만이 진태의 집에 가서 소파에 앉아있었던 장면이 인상적이었습니다. 평소 돌아가신 아빠를 그리워하던 진태는 태만에게서 한시도 눈을 떼지 못하고, 너무 좋아서 어쩔 줄 모르는 표정으로 태만의 일거수일투족을 바라보기만 합니다. 이 장면을 보면서 '아빠란 이렇게 바라보기만 해도 좋은 존재이구나'

라는 생각이 다시 한번 들었습니다. 그리고 태만이 집에 돌아와서 진태네 이야기를 하면서 진태를 엄마 혼자 키우는 것이 안쓰럽다는 말을 아내에게 하니, 태만의 아내가 심한 욕을 먼저하고 "난 혼자 애를 둘 키운다."라고 말합니다. 평소에 농담처럼 남편을 큰아들이라고 하면서 아내들이 '키운다'는 표현을 많이 하곤 합니다. 한두 번의 농담은 상관없겠지만 아무리 부족해 보이는 아빠일지라도 자녀들 앞에서 이런 식의 표현은 바람직하지 않으니 조금 주의하시면 좋겠습니다.

🎬 영화로 내마음 읽어내기

요즘 매스컴에서 높은 실업율에 대한 보도들이 있습니다. 아마 지금도 '취업준비생 또는 창업준비생'으로 주변의 기대에 부응하지 못함으로 인해 좌절하고 마음이 어려운 분들이 많으실텐데요, 이 영화를 보면서 태만의 '나름 유쾌한 일상'들을 따라해 보시면 어떨까 하는 생각이 들었습니다. 일단 끊임없이 주변사람들과의 소통을 멈추지 않는 것입니다. 태만은 다행히 PC방을 하는 친구가 있어서 매일 갈 곳이 있었습니다. 취업준비생들을 상담하다 보면 경제적으로 어렵기도 하고 자존감이 낮아져서 주변사람들과의 관계를 스스로 단절하는 경우가 많습니다. 삶을 길게 보고, 지금의 시간이 '멀리 뛰기 위해 움츠리고 있는 시간'이라는 마음을 가지고 적당한 수준에서 주변사람들과 관계를 지속하는 것이 매우 중요하다고 생각합니다. 또한 영화 속에서 태만이 아영과 함께 바닥청소하면서 비누방울 놀이를 하기도 하는데 가정에서 자녀들과 이렇게 즐거운 소통을 멈추지 않는 것도 매우 중요합니다. 자녀의 어린 시절은 두 번 다시 돌아오지 않을 시간이기 때문입니다.

　현대의 부모들은 자신들의 권력을 기꺼이 아이들에게 내어주고, 자신들은 아이들을 위해 희생하는 존재로 자리매김함으로써 발생하는 갖가지 재앙들은 예상하지 못했습니다. '아이들 기를 살려줘야 한다'는 명분하에 어린아이들에게 칼자루를 쥐어주는 것만큼 어리석은 일은 없을 것입니다. 엄마로서 아빠로서 무엇을 해야 하는지, 아이들이 자라면서 부모의 역할도 바뀌어야 하고 아이가 성장하는 만큼 부모도 성장해야 한다는 사실을 인식하지 못하고 부모로서 자신감이 없는 경우도 많습니다. 일관성 없게 자녀들을 대하다 보니 아이들은 부모에 대한 신뢰와 존경이 없고, 부모들은 자녀들을 다루기가 점점 어려워지고 있습니다. 그러나 실제로 아버지가 절실하게 필요한 시기에 우리나라의 아버지들은 너무 바쁩니다. 진짜 소통을 하기 위해서는 시간과 노력이 필요합니다. 어쩌면 우리는 일과 육아, 공부 등을 핑계로 진짜 소통하기를 회피하는 것인지도 모르겠습니다만 소통하지 않을수록 우리는 점점 더 불행해질 수밖에 없습니다. 시간이 좀 걸리겠지만 소통하려는 노력들이 결실을 맺어 우리 사회가 조금 더 행복해진다면 좋겠습니다.

📢 *아빠라는 존재의 의미*

우리 아빠는? 우리 가정에서 아빠의 역할은?

▓ 치료적 흥얼거리기

내 마음속 아버지에 대한 의미를 한번 떠올려보는 시간을 가져보세요.

●●● <아버지>(싸이), <나침반>(이적)

러브 액츄얼리 Love Actually
(2003)

리차드 커티스 감독 / 휴 그랜트, 로라 리니

⊞ 크리스마스의 선물같은 영화

크리스마스 시즌이면 특별히 모두의 감성을 울리는 것이 있습니다. 크리스마스 캐롤, 파티, 영화가 그렇습니다. 가만히 돌아보면 언제나 그 자리에 있을 것만 같은 사랑의 추억과 가슴 설레임들, 눈을 기다리는 어린아이 같은 마음, 늘 함께 있지만 유난히 더 소중하게 느껴지는 가족과 연인의 존재감 등등. <러브 액츄얼리>를 통해서 다시 한번 그 설레임을 느껴보신다면 좋겠습니다. 이 영화가 처음 개봉되었을 때 솔로들은 혼자 보러 가거나 또는 동성 친구들과도 절대로 보지 말라는 말이 있었을 정도로 로맨틱함의 절정을 보여주는 영화라 알려져 있습니다. 특히 '나에게 있어 당신은 완벽해요'라는 표현의 스케치북 고백이 인상적이었지요. 이번 크리스마스에는 이런 고백을 받는 분들이 많기를 기대하겠습니다.

■ 나누고 싶은 에피소드, 하나

다양한 형태의 사랑의 모습들에 대하여

<러브 액츄얼리>는 단순히 연인 간의 사랑뿐 아니라 가족, 부부, 친구 등 다양한 형태의 사랑을 보여줍니다. 그래서인지 더 따뜻했던 것 같습니다. 비서와 사랑에 빠지는 영국 수상 이야기는 약간 비현실적이기는 했지만, 휴 그랜트처럼 멋지고 게다가 싱글인 수상이 있다면 보다 많은 이들이 더 정치에 관심을 가지지 않을까 하는 재밌는 생각도 해보았습니다. 또 한물간 록스타 빌리의 우정 이야기도 있었습니다. 노장 빌리는 크리스마스 음반을 내면서 재기에 성공합니다. 하지만 늘 그 뒤를 묵묵히 지키던 매니저는 빌리가 성공한 후에 왠지 모를 서운함을 느끼게 되는데, 결국 빌리는 어려운 순간을 함께해 온 매니저와의 우정을 소중하게 여깁니다. 감동적인 우정의 모습이었습니다.

<러브 액츄얼리>하면 누구나 '스케치북 고백' 장면이 떠오를 것입니다. 영화를 보고 많은 이들이 패러디하기도 했던 장면이지요. 물론 이루어지기 어려운 사랑이기는 했지만 '내게 당신은 완벽해요'라는 대사는 정말 감동적이었습니다. 그리고 또 다른 재미를 주었던 장면은 영국작가로 출연하는 제이미가 포루투갈인 오렐리아에게 가서 프로포즈하는 장면이었습니다. 영국에서 무작정 오렐리아의 집을 찾아가지요. 문을 열어주는 오렐리아의 아버지에게 서툰 포루투갈어로 "당신의 딸에게 프로포즈하러 왔습니다."라고 하니 아버지는 당시 집에 있던 뚱뚱한 오렐리아의 언니를 부릅니다. 그러면서 아무 딸이나 데려가면 어

떻냐면서 큰 딸을 소개하는 장면이 나오는데 다시 보아도 정말 웃음이 나오는 장면이었습니다.

"사랑보다 더 큰 고통이 어딨어요?" 이런 대사가 기억나시나요? 같은 반 여학생 조안나를 사랑하게 된 샘이 아버지에게 한 말입니다. 깊은 의미가 담겨있는 표현이라 생각됩니다. 남녀노소 상관없이 사랑의 고통은 비슷한 모양입니다. 이처럼 영화 속 사랑 이야기가 모두 아름답기만 한 것은 아닙니다. 갈등 속에서 회복되기도 하고, 실망으로 눈물 흘리기도 하고, 감히 바라볼 수 없는 사랑에 안타까워하기도 합니다. 아내와 쇼핑하면서 애인의 선물을 몰래 사는 남편 이야기도 있었습니다. 보석 코너 직원이 포장을 너무 거하게 하느라 시간이 오래 걸려서 당황하는 장면이 있었지요. 결국 아내 몰래 사서 코트 주머니에 넣었는데, 선물을 미리 본 아내는 당연히 자신의 크리스마스 선물이라 기대하고 있었지요. 그러나 목걸이를 기대하고 있는 아내에게 음악 CD를 선물로 줍니다. 결국 아내는 눈물을 흘리며 고통스런 크리스마스를 보냅니다. 또 다른 가족 이야기로, 정신병원에 있는 오빠가 수시로 여동생에게 전화를 해서 데이트뿐 아니라 일상생활에 방해를 받는 여동생 사라의 이야기가 있습니다. 좋아하는 남자와의 데이트도 포기하고 결국 오빠가 있는 병원에 가서 크리스마스 파티를 합니다. 외로운 가족을 소중하게 생각하는 모습이 참 아름답게 보였습니다. 부디 이번 크리스마스에는 모두들 행복했으면 좋겠습니다.

🎞 나누고 싶은 에피소드, 두울

'오늘은 크리스마스잖아요!'

'오늘은 크리스마스잖아요'라는 말로 모든 것이 이해가 되는 날이 바로 크리스마스입니다. 로맨틱 코미디의 거장답게 리처드 커티스 감독의 <러브 액츄얼리> 명장면들은 오랜 시간이 흘러도 크리스마스에 가장 먼저 떠오르는 영화인 것 같습니다. 14년이라는 세월이 흘렀음에도 불구하고 많은 이들이 <러브 액츄얼리>를 좋아했기에 가능한 일이 아닌가 싶습니다. 어쩌면 이런 것도 크리스마스니까 가능했던 기적이 아니었을까 생각됩니다. 이번 크리스마스에는 "오늘은 크리스마스잖아요."를 많이 이야기하며 즐거운 시간을 보낸다면 좋겠습니다. 그리고 사랑의 기적을 만드는 용기를 내시면 좋겠습니다. 행여 원하는 결과가 아닐지라도 '오늘은 크리스마스니까' 하고 한번 웃을 수 있는 여유까지 가질 수 있다면 더 좋겠습니다.

🎬 영화로 내마음 읽어내기

영화의 처음과 마지막 장면은 공항 장면이었습니다. 영화를 보는 내내 어쩌면 그 히드로 공항에 가면 사랑에 빠질지도 모르겠다는 작은 기대감이 생기기도 했습니다. 또한 영화를 보면서 런던의 명소들을 살펴보는 재미도 있었습니다. "오늘은 크리스마스잖아요."라는 말로 모든 것이 이해가 되는 날, 다 같이 기뻐해 주고, 다 같이 축하해 주는 그런 날이 있다는 것도 참 신나는 일인 것 같습니다. 영화를 통해서 이런 마음을 가질 수 있다면 이번 크리스마스는 좀 더 특별하지 않을까요? 한번 기대해 보세요, 이번 크리스마스에는 어떤 행복한 일들이 기다리고 있을지 말입니다.

📣 '나에게 있어 당신은 완벽해요'를 나눌 수 있기를 바라며

이번 크리스마스에는 한번 기대해 봅시다.

'크리스마스니까' 모두 사랑하고 이해하고 나눌 수 있다면 좋겠습니다.

●●● <All you need is love>(Lynden David Hall),
<Christmas is all around>(Bill Nighy)

나, 다니엘 블레이크

I, Daniel Blake
(2016)

켄 로치 감독 / 데이브 존스, 헤일리 스콰이어

🎞 칸이 가장 사랑한 거장 켄 로치 감독, 평범함을 가지고 대작을 만든다

　　영국 뉴캐슬이 배경입니다. 평생을 성실하게 목수로 살아가던 다니엘은 지병인 심장병이 악화되어 일을 계속 해나갈 수 없는 상황이 됩니다. 다니엘은 실업급여를 받기 위해 찾아간 관공서에서 복잡하고 관료적인 절차 때문에 어려움을 겪습니다. 복지수당을 신청하기 위해서 시도한 유료 ARS 통화연결은 한 시간 이상 걸리고, 모든 신청은 인터넷으로 해야 하고, 관공서의 직원들은 나쁜 선례를 남길 수 있다며 컴맹인 주인공을 아무도 도와주지 않았습니다. 그러던 어느 날 다니엘은 두 아이와 함께 런던에서 이주한 싱글맘 케이티가 복지수당을 신청하는데 어려움을 겪는 것을 보고 도움을 주게 되고 이들은 서로 의지하게 됩니다. 이들은 무능력하거나 노력을 하지 않아 어려움을 겪었던 것은 아니었습니다. 단지 살면서 누구에게나 찾아올 수 있는 불행한 상황을 마주하게 된 것입니다. 하지만 국가의 제도와 비인간적인 시스템은 이를 이해하고 보듬어 주지 못합니다.

영화는 현 영국 사회의 부조리한 복지제도의 문제점을 예리하게 짚어내는 동시에 사람과 사람 사이의 거리를 온기와 감동으로 채우고 있습니다. '놀라울 정도로 강력한 스토리텔링'이라는 평과 함께 '잔인하게도 감동적이다'라는 평을 듣기도 했습니다. 꼭 한번쯤은 보아야 할 영화가 아닌가 생각됩니다. 켄 로치 감독은 칸 영화제 황금종려상 수상 후 "우리는 희망의 메시지를 사람들에게 보여줘야 한다. 다른 세상이 가능하다고 말해야 한다."라는 가슴 뭉클한 수상 소감을 전하며 박수갈채를 받기도 했습니다. 또한 기자 회견에서는 "사람들에게 가난은 너의 잘못이다라고 말하는 우리의 잔인함이 문제이다."라는 날선 비판으로 세간의 주목을 받기도 했습니다. 켄 로치 감독은 자기 목소리를 내기에는 역부족인 약자들 편에서 관찰자로, 때론 대변자로 세상을 향한 일침을 영화에 담아내고 있습니다.

<나, 다니엘 블레이크>는 약자와 소외계층의 안전망이 되어야 하는 복지정책이 운영자 위주의 효율적인 시스템으로 전락한 영국의 현실을 조롱과 위트, 그리고 다큐멘터리를 방불케 하는 비전문 엑스트라들의 구성으로 현실감 있게 다루고 있습니다. '누가 나를 도와주는가, 나는 이웃의 사정을 알고 있는가?' 같은 작은 에피소드를 통해 운동적 거대 담론은 결코 해내지 못할 더욱 강력한 스토리텔링으로 관객 한사람 한사람의 마음을 얻어냅니다. 여러 가지로 어려운 경제적 상황 가운데 있는 우리도 한번 진지하게 생각해 보아야 하는 주제가 아닌가 생각합니다.

■ 나누고 싶은 에피소드, 하나

자본주의 시스템이 인간을 배제하는 방식에 대하여

주인공은 40여 년을 목수 일을 해왔고, 현재는 심장병으로 일을 할 수 없게 된 남성 노인입니다. 다니엘은 태어나서 컴퓨터를 한 번도 다뤄본 적이 없다고 합니다. 하지만 디지털 시대의 시스템은 실업수당 마저 인터넷으로 신청해야만 합니다. '마우스를 올리라'고 하니, 실제 로 마우스를 손으로 들어 올리는 주인공의 모습을 보면서 정말 안타까 웠습니다. 컴퓨터를 다룰 줄 모르는 그를 첨단화된 시스템은 배제하는 듯 보였습니다. 그리고 질병수당 지급 심사를 위해 전화로 현재 상태 에 대해 의료전문가와 상담을 하는 장면을 보면, 심장병 환자에게 치 매환자들의 진단검사를 하고는 기능에 이상이 없다며 질병수당 지급 을 기각하는 등의 말도 안되는 상황이 벌어지기도 했습니다. 또한 케이 티는 새로 이사온 곳이 낯설어 길을 잃어서 기관 상담에 늦습니다. 그 리고 결국 제대로 된 서비스를 받지 못하는 상황에 이르고 보조금 삭 감의 위기에 처하게 됩니다. 이때 다니엘이 기관의 직원들에게 케이티 를 대변하며 항의를 하는 장면이 나옵니다. 이 장면을 보면서 누군가 를 도와준다는 게 꼭 돈이 많아야만 가능한 것이 아니라는 생각을 하 게 되었습니다.

생산력을 잃은 한 남성 노인과 아이들을 키우는 싱글맘 젊은 여성 을 자본주의 시스템 언저리에 배치해 놓은 감독의 의도가 눈물겹다는 생각이 들었습니다. 자본주의의 매정함은 나이도 성별도 가리지 않습니다. 거기에 식료품 가게의 경비가 알량한 권력을 휘둘러 한 여성을 매춘이라는 더 어둡고 습한 시스템의 사각지대로 내모는 모습은 자본주의에 대한 그 어떤 비판보다 매섭고 매정했습니다. 또한 사각지대에서 가장 불안한 존재는 어린아이들일 것입니다. 딸의 학교 친구들이 구멍난 신발을 놀린다는 이야기에 케이티는 매춘으로 돈을 벌기 위해 경비원에게 전화를 걸기로 결심합니다. 어둠 속으로 뚜벅뚜벅 걸어 들어가며 눈을 질끈 감았을 때, 그런 그녀에게 다니엘은 손을 내밀고 연대합니다. 역시 사람에게 필요한 건 첨단화된 시스템이 아니라 의지할 수 있는 사람이고, 따뜻한 손길인 것을 알게 됩니다.

🎞 나누고 싶은 에피소드, 두울

'사람이 자존심을 잃으면 다 잃은 거요'

'사람이 자존심을 잃으면 다 잃은 거요'라고 말하고는 건물을 나선 다니엘 블레이크는 그동안 최선을 다했다며 이 시스템의 요구에 불응하고 항고하겠다고 결심합니다. 40년간 목수 일만을 묵묵히 해온 한 노인의 수고로움과 그가 가진 경험과 연륜과 지혜는 '생산력 없음'이라는 문장과 일직선에 놓일 수 있는 것일까요? 디지털 시대는 직선이며, 곡선이 없습니다. 소외된 노인이 소외된 싱글맘의 자녀들에게 자신이 직접 손으로 나무를 깎아 만든 모빌을 선물하고 그 모빌을 햇살이 잘 비치는 창가에 달아줍니다. "마치 바다에 있는 듯 할 거야."라고 따뜻한 이야기를 건네며 손수 깎은 모빌을 줍니다. 그리고 라디오에서 흘러 나온 음악을 손수 녹음한 카세트테이프, 방의 온기를 높이기 위해 손수 잘라 붙이는 창가의 문풍지 등, 이러한 것들은 그의 따뜻한 마음을 케이티의 가족에게 전하기에 충분했습니다. 그가 가진 지혜, 이웃을 사랑하는 따스한 마음, 노인의 관심과 애정은 차가웠던 아이들의 마음에 자연스레 녹아들었습니다. 연대는 도움이고 시스템은 도움을 모릅니다. 결국 다니엘은 시스템에서 자신의 이름을 빼라고 말하고 시스템 밖으로 걸어가 좀처럼 지워지지 않을 검정색 스프레이로 시스템의 벽에 '나, 다이엘 블레이크'라고 자신의 이름을 크게 씁니다.

🎬 영화로 내마음 읽어내기

<나 다니엘 블레이크>는 '서사(내용)'에 집중하기 보다는 '인물'에 집중하여 등장인물과의 카메라 거리가 매우 가깝습니다. 그 흔한 배경 음악도 그 어떤 기교도 없이 주인공들의 삶을 조심스레 담아내고 있습니다. 지극히 폭력적인 '가난'이라는 것을 견디는 것에 대해서, 그리고 '인간의 자존감을 지킨다는 것, 현실에서 어떻게 함께 연대해서 이러한 문제들을 해결해 나갈 것인가'에 대해 깊이 있게 생각해 보았으면 하는 분들과 이 영화를 나누고 싶습니다. 비교적 사회 보장 제도가 잘 되어 있는 나라인 영국에서 이러한 내용의 소재가 이슈가 된 것을 보면, 우리나라는 얼마나 더 심각한 상황에 있는 사람들이 많을지 미루어 집작해 볼 수 있을 것입니다. 물론 사회정책이나 복지문제의 해결이 매우 중요

합니다만 아픈 다니엘을 찾아갔던 이웃집 소녀 데이지처럼 이웃에 대한 작은 관심이 무엇보다도 중요한 세상이 아닌가 생각됩니다. 우리는 복지제도의 모순을 온몸으로 보여준 채 떠난 다니엘 블레이크의 죽음을 기억해야 하고 그의 대가 없는 사랑을 배워야만 합니다. 마지막으로 다니엘이 항고심에서 이야기하려고 했던 말은 법원 화장실에서 죽음을 맞이함으로 결국 유언이 되어버리고 마는데 그 내용이 참으로 여러 생각을 하게 합니다.

'나는 의뢰인도, 고객도 사용자도 아닙니다.

나는 게으름뱅이도 사기꾼도, 거지도 도둑도 아닙니다.

나는 보험 번호 숫자도, 화면 속 점도 아닙니다.

난 묵묵히 책임을 다해 떳떳하게 살았습니다.

난 굽실대지 않았고, 이웃이 어려우면 그들을 도왔습니다.

자선을 구걸하거나 기대지도 않았습니다.

나는, 다니엘 블레이크, 개가 아니라 인간입니다.

이에 나는 내 권리를 요구합니다.

인간적 존중을 요구합니다.

나, 다니엘 블레이크는 한 사람의 시민 그 이상도 그 이하도 아닙니다.

감사합니다.'

📢 사람이 자존심을 잃으면 다 잃은 것이다

내가 추구하는 자존심에 대해서 생각해 봅시다.

■ 치료적 흥얼거리기

이웃에 대한 작은 관심의 중요성을 생각해 보는 시간을 가져봅시다.

●●● <널 생각해>(원모어찬스), <혼자라고 생각말기>(김보경)

미녀는 괴로워

200 Pounds Beauty

(2006)

/

김용화 감독 / 김아중, 주진모

🎞 **여기 두 사람이 있습니다.**
   눈을 감아야 친할 수 있는 여자 &
   바라보고 있으면 잠시도 눈감기 싫은 여자

　주인공 강한나는 미녀 가수 아미의 목소리를 대신하는 얼굴 없는
가수입니다. 하루하루 살아가기도 힘겨운 삶에서 그나마 한줄기 빛이
되어주는 건 그녀를 인정해 주는 매니저 한상준 뿐이었습니다. 한나는
그를 짝사랑하지만, 자신의 외모 때문에 그에게 다가서지 못하고 가슴
앓이만 합니다. 그러다가 반전 상황이 벌어집니다. 인기절정 원작만화
에 김용화 감독의 연출력이 더해져 이미 흥행이 예고된 영화가 아니었
나 생각됩니다. 실제로 원작을 영화화하는 과정에서 영화사들의 경쟁
이 치열했다고도 합니다. 특히 할리우드 특수효과팀의 뚱녀 분장이 압
권이었습니다. 48kg 미인을 95kg으로 만드는 것도 쉽지 않았을 듯 합
니다. 그리고 세 번의 콘서트 장면이 나오는데 올림픽 체조 경기장에서
의 콘서트 장면은 실제로 콘서트장에 있는 듯한 감동을 주기도 했는데,

마치 영화와 콘서트를 동시에 관람할 수 있는 기회이기도 했습니다.

보다 아름답고 강한 것에 끌리는 것은 너무나 본능적인 것이어서 이를 '겉모습만 보고 판단한다'고 비난만 할 수는 없습니다. 95kg의 주인공이 초미녀가 된 이후, 그녀는 미녀가 되고도 자신이 아름다워졌다는 걸 믿지 못해 부단히도 미녀처럼 행세하려고 합니다. 뚱뚱했던 사람들을 비웃는가 하면 한편으론 그들의 처지를 알기 때문에 뒤에서 몰래 돕기도 합니다. <미녀는 괴로워>는 이렇게 묘한 지점에 서서 세상의 양면성을 들여다보게 합니다. 주인공의 몸과 생각의 부조화가 웃음을 유발하지만 진짜 아름다움의 기준이 무엇인지에 대한 내용은 없어서 조금 아쉽기도 했습니다. 도대체 아름다움의 기준이 되는 외모는 무엇일까요? 성형외과 광고에 등장하는 이들처럼 획일화된 아름다움을 가지면 정말 아름다워지는 것일까요? 사람들은 그런 광고에 등장하는 모델들을 보고 선망하면서도 동시에 공장에서 찍어낸 기계처럼 볼품없다고 깎아내리기도 합니다. 영화를 통해서 이런 모호한 사람들의 미에 대한 기준을 생각해 보는 계기가 된다면 좋겠습니다.

📹 나누고 싶은 에피소드, 하나

날씬한 몸을 원하십니까?

이런 광고에 부응해 많은 여성들은 다이어트를 종교처럼 신봉하고, 살을 빼고 예뻐지기 위해 성형에도 매달리기 시작합니다. 그리고 언제부터인가 '살 빠졌다'는 말이 최고의 칭찬이 되어버렸습니다. 우리는 본능적으로 아름다움을 추구하고 아름다운 대상을 배우자로 찾기 위해 노력합니다. 그러나 아름다움의 조건은 시대에 따라 달라질 수 있으며 왜곡된 미의 기준은 누군가에게 고통이 될 수도 있다는 것을 기억했으면 합니다. '아, 이렇게 많이 먹으면 안되는데, 너무 많이 먹었다'라며 후회하는 이야기를 하는 경우를 종종 보게 됩니다. 먹는 즐거움을 충분히 누리지도 못하고 늘 '살을 빼야 한다, 뚱뚱해지면 안된다'라는 강박이 자리하고 있는 것입니다. 이러한 사람들의 내면에는 '뚱뚱한 여자는 여자도 아니고, 가치가 없다'는 병리적 사고가 있는 경우가 많습니다. 심지어는 전혀 뚱뚱하지 않은 사람이 자신은 살을 빼야 한다며 다이어트에 돌입하는 경우도 심심치 않게 볼 수 있습니다. 무엇보다도 '건강한 신체상'을 가지는 것이 중요하다고 하겠습니다.

영화에서는 실제로 뚱녀 한나가 전신성형과 다이어트를 통해 새로운 인생을 살게 되는 장면을 보여줌으로써 다이어트와 성형에 대한 장밋빛 환상만을 심어주고 있습니다. 요즘처럼 성형이 성행하는 세상에서 성형의 장단점을 논하는 것은 의미가 없겠지만 외모가 변했다고 인생이 바뀐다고 말하는 것은 조금 위험할 수 있습니다. 외모가 변해서 자신감을 얻고 살아간다는 것에 반대할 이유는 없지만 그것이 전부가 될 수는 없기 때문입니다.

❷ 나누고 싶은 에피소드, 두울

너무 아름다워서 주목을 받는 사람이 된다는 것?

"너무 아름다우세요."라는 점원의 말에 자동차를 충동구매하고, 최초의 외모칭찬을 받고 너무 흥분한 나머지 자동차 접촉사고를 일으키는데 자신에게 항의하던 택시 운전사는 그녀의 얼굴을 보고 오히려 "어디 다친데 없으세요?"하고 말을 바꾸고, 신고를 받고 온 경찰은 택시 운전사를 보며 "아저씨가 잘못한 것 같아요."라고 하며 한나의 편을 들어주며 넌지시 연락처를 묻기도 했습니다. 여성들이 외모에 있어서 남성들보다 집착할 수밖에 없는 이유는 남성보다 관계지향적인 여성들이 상대의 반응에 의해 자신의 가치를 평가하는 특성이 강하기 때문이라 합니다. 반대로 남성들은 자신의 능력이나 다른 영역에서 자신의 가치를 인정받을 수 있는 부분이 더 많기 때문에 상대적으로 외모에 덜 집착하는 경향도 있다고 합니다.

* 다이어트/성형과 관련된 정신병리(DSM-5)

● **신체이형장애(Body Dysmorphic Disorder)**

① **진단기준:** 강박장애 가운데 하나로 외모에 대한 가상적 결함에 집착. 만일 가벼운 신체적 이상이 있는 경우라면 지나치게 관심을 갖음. 집착이 사회적, 직업적 또는 다른 중요한 기능 영역에서 임상적으로 심각한 고통이나 장해를 초래함.

② 자신의 특정 부위에 관심을 집중하고 외모 탓을 하면서, 자신의 나이에 맞

는 발달 과제들은 보류하는 문제가 발생하기도 함. 마치 외모의 문제만 해결되면 자연스럽게 모든 것이 해결될 것이라고 착각을 하기도 함. 이러한 증상을 심리적으로 보지 않고 성형수술 등에 집착하는 경우는 문제가 해결되지 않고 악순환에 빠지기도 함.

● **급식 및 섭식장애(Feeding and Eating Disorder)**

① **진단기준:** 장기간 지속되는 섭식의 장애 혹은 섭식과 관련된 행동들로 인해 음식 소비 혹은 섭취의 변화가 생기고 신체적 건강과 정신사회적 기능에 심각한 손상을 가져오는 것

② 비만의 특정한 사례의 원인과 경과에 있어서 심리적인 요인이 중요하다는 증거가 있을 때는 의학적 상태에 영향을 주는 심리적 요인을 알아보는 것이 중요함.

🎬 영화로 내마음 읽어내기

분명 아름다운 외모는 신이 준 선물입니다. 그러나 외모가 더욱 빛나는 경우는 내면의 겸손함과 아름다움, 그리고 성실함이 뒷받침되어 있을 때가 아닌가 생각됩니다. 결국 시간이 흐르면서 그 사람의 성격, 지식, 능력과 재능 등 다른 요인들이 외모와 적절히 조화를 이룰 때 진정한 아름다움이 형성될 수 있습니다. 외모에만 집중할 것이 아니라 자신의 나이에 맞는 능력을 키우기 위해 부단히 노력하는 것은 매우 중요합니다. 아무것도 할 줄 모르고 얼굴만 예쁜 여자의 매력은 그다지 오래가지 않을 것입니다. 가끔씩은 군살처럼 자꾸만 삐져나오는 자신감

을 떨어뜨리는 부정적인 생각들이 마음을 어렵게 하기도 하겠지만 이런 생각들의 다이어트도 함께 한다면 좋을 것 같습니다. 영화를 통해서 진정한 아름다움에 대해 한번 진지하게 생각해 볼 기회가 된다면 좋을 것 같습니다.

📢 외모에 대한 나의 생각은 어떠한가?

나는 늘 다이어트를 하는 중인가?

....

....

....

....

....

....

....

🎬 치료적 흥얼거리기

어디엔가 반드시 있을, 나의 아름다움을 발견하는 시간을 가져봅시다.

●●● <마리아>(김아중), <설레이는 소년처럼>(국카스텐)

행복 목욕탕

Her Love Boils Bathwater

(2017)

/

나카노 료타 감독/ 미야자와 리에, 스기사키 하나

🎞 세상 가장 따뜻한 비밀과 뜨거운 사랑이 있는 곳

'물을 데우는 뜨거운 사랑'이라는 제목으로 부산국제영화제에서 상영되었던 영화입니다. 각기 상처를 가지고 살아가는 행복 목욕탕 가족의 이야기입니다. 이 세상에 다시 없을 강철 멘탈 대인배 엄마 후타바, 철없는 아빠 가즈히로, 철 들어가는 사춘기 딸 아즈미, 철부지 이복 동생 아유코의 이야기입니다. 1년 전 느닷없이 집을 나간 남편을 대신하여 목욕탕 문은 닫았지만 후타바는 딸 아즈미와 함께 누구보다 열심히 가족을 사랑하며 살아갑니다. 아즈미는 학교에서 왕따를 당하고 괴롭힘을 당하는데, 그녀의 아픔을 아는 엄마 후타바는 그래도 딸의 삶이 멈추지 않도록 아침마다 등을 떠밀어 학교를 보냅니다. 너무 과할 정도로 괴롭힘을 당하고 있는 딸에게 문제를 문제로 보지 않고 다른 시점에서 다른 생각을 하도록, 가슴 아픈 감정을 감추고 당당하게 문제에 맞서서 해결하도록 지원합니다. 또한 강철 멘탈 후타바는 자신이 말기암인 줄 알면서도 잠깐의 슬픔 이외에 허락되지 않는 현실 속에서 남편이 온전히 가족을 지켜나갈 수 있도록 용기를 주기 위해 '행복 목욕탕'을 다시 엽니다. 누구보다 강한 엄마의 가장 뜨거운 사랑을 받아가며 이 특별한 가족은 웃고, 울고, 사랑하며 '행복 목욕탕'을 운영합니다.

모든 가족이 가지고 있는 '비밀', '사랑', '슬픔', '행복'에 대한 이야기입니다. 그러나 알고 보면 아즈미네 가족에게는 더욱 큰 비밀과 뜨거운 사랑, 깊은 슬픔 그리고 따스한 행복이 있습니다. 고의든 실수든 우리는 자기 나름의 삶을 살면서 우리가 부딪히는 많은 사람들에게 상처를 줍니다. 어쩌면 사람들이 살아간다는 것은 의도되지 않게 타인들에게 상처를 주는 과정이라고도 볼 수 있습니다. 그러니 우리도 어쩌면 그런 상처를 받을 각오를 하고 살아가야 할런지도 모릅니다. 돌이켜 생각해 보면 상처를 주고 받을 수 있으니 상대방을 위한 배려, 동정심, 측은지심이 필요하지 않을까 생각됩니다. 맹자는 측은지심(側隱之心)이 없는 사람은 사람이 아니라고 했습니다. 영화를 보면서 가족 안에서 이 '측은지심'이 더 필요하지 않을까 하고 생각해 보았습니다.

📹 나누고 싶은 에피소드, 하나

가족의 비밀

아즈미네 가족의 가계도를 그려본다면 매우 복잡할 것 같습니다. 아즈미와 아유코는 가즈히로의 딸이지만 각각 다른 엄마를 가지고 있습니다. 놀랄만한 사실은 후타바는 가즈히로의 내연녀들에게서 낳은 아즈미와 아유코를 키운다는 것입니다. 만약 이러한 일이 현실이라면 정말 복잡한 가계 구성이 될 것 같습니다. 후타바는 정말 대단한 사람입니다. 특히 아즈미가 언젠가는 청각장애를 가진 생모를 만날지도 모른다는 생각에 평소 아즈미에게 수화를 가르치기도 했습니다.

어찌보면 현재의 삶에 지속적으로 부정적인 영향을 줄 수도 있는 요인들을 가지고 있는 가족임에도 불구하고 후타바의 지혜로움과 측은지심이 가족들의 삶을 건강하게 유지되도록 하지 않았나하는 생각이 듭니다. 가족 중의 건강한 한 사람으로 인해 온 가족의 건강성에 긍정적인 영향을 미칠 수 있다는 데 의미를 둘 수 있었습니다. 다만 아쉬운 점이라면 영화가 묘사하는 여성상은 가부장제의 틀을 벗어나지 못한 채 가부장제가 원하는 거의 슈퍼우먼 수준의 강인한 여성상을 따라간다는 것이었습니다.

❸ 나누고 싶은 에피소드, 두울

어머니 후타바

가족들을 세심하게 살피며 상처를 돌보는 후타바는 정작 자신의 아픔은 치유하지 못하며 말기암으로 생을 마감하게 됩니다. 자신의 비극적인 현실은 뒤로하고 마지막까지 가족을 걱정하던 후타바는 가족들이 마음으로 준비한 깜짝 선물을 받고는 "죽기 싫어."라며 처음으로 자신의 속내를 내보입니다. 그렇게도 독하게 가족을 걱정하며 죽음을 준비하던 후타바도 가족들과 함께 끝까지 행복하길 바라는 마음이 간절했던 모양입니다. 정말 안타까운 모습이었습니다. 우리의 관계 속에서 나타나는 감정적 상처들에 대해 우리는 항상 비상 구급약을 구비해야 하며 면역력을 길러야 할 것 같습니다. 그래서 어느 정도 수준의 상처들에 대해서는 그냥 넘길 수 있는 '자기치유의 능력'을 가질 수 있다면 좋겠다는 생각이 다시 한번 들었습니다.

영화의 마지막 장면들은 조금 충격적이기까지 했습니다. 유언대로 목욕탕 물을 데우는 아궁이에서 엄마 후타바는 화장되었습니다. 그리고 그때 데워진 물에 가족들이 모두 몸을 담그고 있는 모습은 정말 엽기적이기는 했습니다. 행복 목욕탕은 행복보다는 소통과 슬픔이 더 두드러진 작품입니다. 이 영화의 핵심은 '포용력'이었습니다. 끌어안음의 힘이 가족을 하나로 모으는 기적을 가져다준 것 같습니다.

🎬 영화로 내마음 읽어내기

영화를 보면서 여러 생각이 들었습니다. 일반적으로 누구나 추억은 아름답게 기억하려는, 미화시키는 경향이 있다고 합니다. 그럼에도 불구하고 현재의 삶에 지속적으로 영향을 미치고 불편감을 주는 과거의 이슈가 있다면 그것은 반드시 해결해야만 하는 문제로 받아들이고 해결방법에 대해서 심각하게 고민해 볼 필요가 있다고 생각합니다. 이번 기회에 원가족과의 관계도 다시 한번 잘 정리해 보시고, 여전히 자신의 현재 삶에 영향을 미치는 불편감을 주는 삶의 모습들이 있다면 조금씩, 감당할 수 있는 만큼 하나씩 하나씩 해결해 보셨으면 좋겠습니다. 그리고 아즈미가 학교에서 왕따를 당했을 때 엄마 후타바가 대처한 방식에 대해서는 심리치료적인 관점에서 볼 때 조금 문제가 있다는 생각이 들기도 했습니다. 영화 곳곳에서 '후타바식 개입'이 조금 과한 경향도 있었던 것 같습니다. 사례마다 대처방식이 다르다는 것을 이해하셨으면 좋겠습니다.

📢 우리 가족의 가계도를 자유롭게 그려봅시다

우리 가족 가운데 긍정적인 영향력을 미치는 사람은?

....

....

....

....

....

....

....

....

....

....

▪ 치료적 흥얼거리기

맹자는 '측은지심(惻隱之心)이 없는 사람은 사람이 아니다'라고 했습니다. 나는 측은지심을 가지고 가족들을 대하고 있는지 생각해 봅시다.

●●● <가족>(김건모), <줄리엣>(버스커버스커&투개월)

포 미니츠 Four Minutes
(2007)

크리스 크라우스 감독
모니카 블리브트리우, 한나 헤르츠스프룽

⊞ 두 손을 묶을 수는 있어도 음악까지 막을 수는 없다

자유가 허락된 시간 포 미니츠

피아노가 인생의 전부인 두 여성이 있습니다. 한평생 교도소 수감자들에게 피아노 레슨을 해온 크뤼거와 세상의 모든 것을 거짓으로 대하지만 나를 표현할 수 있는 피아노에 대해서만은 진실함을 보이는 살인죄로 복역 중인 제니, 그들이 만났습니다. 크뤼거 선생님은 60년간 여성 수감자들에게 피아노 레슨을 해오고 있습니다. 어느 해 봄 그녀는 살인죄로 복역 중인 교도소의 골칫거리인 제니를 만나게 됩니다. 제니는 사납고 폭력적이었지만 모두가 감탄할만큼 천재적인 피아노 연주 재능을 가지고 있는 소녀였습니다. 영화 포스터를 보면 제니가 수갑을 찬 채 피아노를 연주하고 있습니다. 여기에 어떤 의미가 있는지 한번 생각해 보며 감상해도 좋을 것 같습니다. 신이 내린 듯한 놀라운 재능을 가진 제니를 위해 늙고 지친 크뤼거는 주위의 온갖 반대와 고통을 견뎌내며 제니의 국제 콩쿨을 준비합니다. 제니 또한 크뤼거에 대한 신뢰를 갖게 되고 마침내 서로를 이해하고 상처를 감싸안으며 마음을 나누게 됩니다. 영화 <포 미니츠>는 실제 존재했던 크뤼거의 인생을 모티브한 영화로 더 의미가 있습니다. 그리고 총 8년간의 제작기간으로 완성도가 높은 영화인데 특히 연기파 배우 모니카 블리브트리우가 크뤼거 역을 했고, 제니 역의 한나 헤르츠스프룽은 1,200:1의 오디션 경쟁률을 뚫고 선발되었다고 합니다.

■▶ 나누고 싶은 에피소드, 하나

음악이란 매체는 누군가에게는 '치료적'이 될 수도 있고 '트라우마'가 될 수도 있다

완성, 완전을 의미하는 숫자 4는 오래전부터 역사와 사상을 표현하는데 많이 사용되어 왔습니다(4계절, 4방위, 4원소 등). 동서양을 막론하고 4에 대한 의미는 모두 긍정적입니다. 다만 우리나라에서만 죽음을 의미하는 한자 '死'와 발음이 같아 숫자 4에 대한 부정적인 인식이 강하지요. 과거부터 현재까지, 전 세계에서 완벽함과 완성을 의미하고 있는 숫자가 바로 4입니다. 영화 <포 미니츠>에서도 음악적 완성도를 지닌 제니와 휴머니즘의 절정을 보여주는 크뤼거를 숫자 4를 이용해 표현하고 있습니다. 이제 우리도 숫자 4를 완벽한 마무리와 완성을 의미하는 'lucky four'로 이미지화하는 것은 어떨까 싶습니다.

모짜르트로 키우고 싶어했던 양아버지의 양육을 받고 자란 제니는 어릴 적 수많은 연주회에 참가하였고 국제 콩쿨에서 여러 번의 수상을 하기도 했습니다. 그러다가 12세에 연주를 거부하면서 양아버지에게 강간을 당한 후 가출해서 남자친구를 사귀고, 결국 살인죄로 감옥에 오기까지 합니다. 감옥에서 크뤼거 선생님을 만나고 콩쿨을 준비하는 과정이 어쩌면 제니에게는 그동안 감추어온 괴로웠던 시간들을 다시 떠올리는 계기가 되었을지도 모릅니다. 그러나 동시에 피아노 연습이 삶의 활력소가 되기도 했습니다. 감옥에 있는 책상에 건반 모양을 칼로 새기고 쉴새없이 피아노를 연습하는 제니의 모습을 보면서 삶의 의욕을 볼 수 있어서 참 좋았습니다. 그리고 크뤼거 선생님의 과거를 회상하는 장면에서는 전쟁 중 군인병원에서 오르간을 연주하는 장면들이 여러 번 나옵니다. 60년 전 애인을 배신했던 자신을 용서하지 못해 일생을 죄책감에 외롭게 살아온 노년의 크뤼거는 자신의 한을 음악으로 분출하는데, 이때 내면의 폭력성을 피아노 연주로 분출시키는 법을 제니에게 알려줍니다. 그리고 과거 크뤼거 선생님의 음악이 연주되는 장면이 나올 때마다 아파하는 장면이 나오기도 했지만 그래도 크뤼거 선생님은 '음악' 때문에 평생의 삶을 지속해 올 수 있었던 것 같았습니다.

🎞 *나누고 싶은 에피소드, 두울*

마지막 4분의 연주 장면이 영화의 모든 것을 말해주고 있다

우여곡절 끝에 크뤼거 선생님의 도움으로 콩쿨 무대에 오른 제니는 음악이 곧 그 자신인 듯 신들린 연주를 합니다. 그동안 마음에 담아온 모든 한을 토해 내듯이 세상에 자신을 당당하게 표현해 냅니다. 제니에게 상처를 남긴 세상과 사람들, 제니를 잘 보듬어준 세상과 사람들에게 음악으로 소통합니다. 그리고 어쩌면 자신을 진심으로 대해 준 크뤼거 선생님에 대한 의리를 보이는 것일지도 모르겠습니다. 제목이자 엔딩 신의 4분간 제니가 연주한 음악은 클래식도 재즈도 아닌 크로스오버 클래식으로 장르가 다른 두 음악을 믹스한 것입니다. 장르를 넘나드는 그녀의 연주와 퍼포먼스로 과거와 현재, 배신과 용서, 갈등과 화해가 크로스오버 되면서 제니도, 크뤼거도 관객들도 각자의 상처를 치유해 가는 느낌이 들었습니다. 이런 충격적인 연주가 끝나고 잠시의 정적이 흐릅니다. 이때 정말 가슴이 두근거렸습니다. 이어 관객의 기립박수가 이어집니다. 영화를 보는 관객들도 실제 연주회장에 있는 듯한 감동이 있는 연주였습니다. 1,200:1의 경쟁률을 뚫고 제니역을 하게 된 한나 헤르츠스프룽은 이 영화를 위해 1년간 맹연습을 했다고 합니다. 정말 대단한 연주였습니다. 영화가 해피엔딩은 아니었지만 가슴이 따뜻해 지는 느낌이 들었습니다. 아마도 예술의 힘이 그런게 아닌가 생각되었습니다.

🎬 영화로 내 마음 읽어내기

영화 <포 미니츠> 속에 숨겨진 'lucky four'를 찾아보면 나름의 의미가 있음을 알 수 있습니다. 예를 들면, 크뤼거의 피아노 레슨을 받을 수 있는 교도소 수감자의 수(4명), 교도소장이 크뤼거에게 언론 인터뷰를 요청하는 시간(4분), 제니가 탈옥한 후 오페라 하우스로 경찰이 출동하는데 걸린 시간(4분), 기립박수를 받은 제니의 마지막 연주 시간(4분) 등이 있습니다. 다른 사람의 관심과 사랑에 익숙하지 못한 제니는 콩쿨 본선에 출전하게 된 후에도 끊임없는 말썽과 탈옥으로 크뤼거의 애를 태우고, 결국 교도소 측으로부터 콩쿨 참가 취소 통보를 받게 됩니다. 이때 모두가 포기한 제니를 끝까지 지지해 주는 한 사람이 있었습니다. 결국 그녀는 탈옥을 감행하기까지 하면서 콩쿨에 참가하게 됩니다. 그리고 4분간의 신들린 연주에 제니는 기립박수를 받습니다.

더 이상 돌이킬 수 없을 것만 같은, 깊은 수렁에 빠진 것만 같은 상황 속에서 손을 내민 크뤼거 선생님, 물론 그녀도 내면의 깊은 상처가 있는 사람이었습니다. 하지만 이들은 '음악 안에서의 만남'을 가졌고, 음악을 통해서 조금씩 서로를 이해하고 다가가게 됩니다. 얼음장 같기만 했던 마음이 미소와 함께 조금씩 풀려가는 장면들과 함께하는 피아노 선율이 정말 감동적이었던 영화였습니다. 그리고 이런 대화들이 오갑니다. "우리는 왜 살지? 제니? 누구든 과제가 있어, 네 자체가 봄날처럼 빛나지 않니?" 사람들은 누구나 회복 불가능할 것만 같은 상

처와 아픔이 있습니다. '서로 내가 더 아프다'고 비교할 필요도 없이 절
대적으로 아픈 이들도 있습니다. 혹시 내가 그런 사람들에 가깝다 할
지라도 영화와 함께 영화 속 아름다운 음악을 감상하면서 위로가 된
다면 좋겠습니다.

📢 나에게는 회복 불가능할 것만 같은 상처와 아픔이 있는지?

절대적으로 아프다고 말할 수 있는 부분이 있는지?

....
....
....
....
....
....
....

🎬 치료적 흥얼거리기

나의 상처들을 아름다운 음악과 함께 치유하는 시간을 가져봅시다.

●●● <Right into my world>(Kathrin Scheer), <Issues>(Julia Michaels)

와즈다 Wadjda
(2014)

하이파 알 만수르 감독 / 와드 모하메드, 림 압둘라

📽 **왜 여자는 자전거를 탈 수 없나요?**

　　세계적 경제부국이면서 이슬람 국가 중에서도 가장 보수적이라는 사우디아라비아 최초의 영화이며, 최초로 이 나라의 여성 감독이 만든 영화입니다. 일반 여성들이 할 수 있는 일이 사우디아라비아에서는 금지되는 경우가 많은데, 영화는 그런 이슬람 사회의 일면을 드러내고 있습니다. 꿈 많고 발랄한 한 소녀가 여성에게 금기시되는 자전거를 얻고 타게 되기까지의 이야기를 어둡지 않게 그려냈다는 점에서 주목할 만합니다. 와즈다는 이슬람 사회에서 보았을 때는 '이단아' 혹은 질서를 흐트러뜨리는 '말썽쟁이'였습니다. 이러한 영화 <와즈다>는 베니스국제영화제에서 3개 부문 수상을 비롯하여 수많은 영화제에서 수상을 하였으며, 이 영화를 계기로 사우디아라비아 여성들은 자전거를 탈 수 있게 되었다고 합니다. 영화 한 편이 사회를 바꾸는 힘을 지녔다는 사실의 재발견을 할 수 있었던 영화였습니다.

　　영화관에서 영화를 보는 것이 어려운, 아니 '영화'라는 것을 접하기조차 어려운 나라에서 여성 영화감독이 영화를 만들었다는 것은 기적과도 같은 일이 아닐까 생각합니다. 영화 제작에 5년이 걸렸다고 하는데 그 시간의 대부분이 영화 촬영과 관련하여 허가받는데 들어갔다고 합니다. 촬영을 하는 과정 중에도 남자 스텝들과 마주하면 안 되기 때문에 감독이 모니터를 통해서 지시를 했다는 이야기가 전해지기도 했습니다. 하이파 알 만수르 감독(74년생)은 특이하게도 영화를 좋아하는 아버지 덕에 어렸을 때부터 영화를 볼 기회를 가지는 행운을 누렸다고 합니다. 아마 영화 속 와즈다의 꿈 많고 발랄한 모습이 감독의 어린 시절의 모습이 아니었을까 생각되기도 합니다.

■ 나누고 싶은 에피소드, 하나

사운드 트랙이 없는 진행

영화가 진행되는 내내 사운드 트랙이 거의 없었습니다. 그저 여성으로 태어났다는 이유로 크고 작은 욕망들에서부터 제약을 받는 한 소녀의 시선을 따라가는데 주력했으며 약간은 담담한 느낌이 들기도 했습니다. 아이들의 표정이 모두 무표정으로 나오는 장면에서는 슬픈 느낌이 들기도 했습니다. 여자의 적은 여자라는 말이 있듯이 학교에서 여자 선생님들이 더 보수적으로 아이들을 다루고 악질적인 모습을 보이는 장면들은 참으로 안타까웠습니다. 그들도 어린 시절이 있었을 것이고 나름의 욕구나 아쉬웠던 일들이 있었을텐데 그런 것들은 모두 잊은

듯이 아이들의 기대를 모두 말살하는 모습을 보일때면 무척 답답하기도 했습니다. 어디에나 규정이 강할수록 반발하는 학생들이 있기 마련입니다. 학교 뒤에서 매니큐어를 바르고 잡지를 보는 여학생들이 있었습니다. 물론 이런 장면들 외에도 아이다운 에너지 넘치는 모습, 친구들과의 즐거운 시간들을 보내는 모습들도 있기는 했습니다.

여자는 자전거를 타서도 안되지만 가계도(족보)에도 못 올라가며, 보통 여자아이에게 '결혼'이란 말썽을 부렸을 때 협박 비슷한 말로 이야기되는 내용인 것이 좀 쓸쓸하기도 했습니다(여자아이가 보통 10살이 되면 20살 청년에게 시집을 가는 것이 풍습). 그러한 사회적 분위기에 순응하고, 소극적 반항을 하는 정도의 모습들이 조금 아쉬웠습니다. 그리고 여자의 목소리는 벌거벗은 몸과 같아서 목소리가 멀리까지 들려서는 안된다는 교사의 가르침, 직장을 갖고 싶어도 남자 동료가 있는 직장은 남편이 싫어해서 안된다는 생각을 하는 엄마의 모습 등을 보며 기성세대 여성들의 생각들을 아이들도 그대로 이어가는 듯 해서 아쉬웠습니다.

영화에서 와즈다가 적절한 선율을 넣어 코란을 암송하는 장면이 나옵니다. 암송대회를 준비하는 과정에서 와즈다는 대회 상금으로 자전거를 살 생각에 죽을힘을 다해서 열심히 암송을 합니다. 결국 1등을 했으나 교장 선생님은 황당하게도 상금을 와즈다의 바램과는 상관없이 팔레스타인에 기부하겠다고 대중 앞에서 이야기합니다. 어린아이의 마음을 무참히도 짓밟았던 이 장면은 정말 끔찍한 장면 가운데 하나였습니다. 과연 아이에게 이런 식의 교육이 바람직한 것인가 하는 생각을 해보았습니다. 교사의 사소한 격려와 지원이 아이들이 올바로 성장하는데 얼마나 중요한지 다시 한번 생각해 보게 되는 계기가 되었습니다.

✪ *나누고 싶은 에피소드, 두울*

열악한 여성의 인권

와즈다의 엄마는 매우 보수적이었습니다. 이슬람교를 맹신해서 아침에 기도를 드리고, 남자와 이야기하는 것을 극도로 꺼려하며, 와즈다의 자전거를 사달라는 요청에 여자가 자전거를 타면 처녀막이 터진다면서 절대 안된다고 했고, 와즈다가 팝송을 듣고 있으면 망할 사탄 노래라고 그런 노래 때문에 너에게 마귀가 씌인다며 화를 자주 내기도 했습니다. 동시에 엄마 자신은 남편에게 늘 사랑을 갈구하고 있었으며, 남편과의 불화로 심리적으로 불안하다 보니 와즈다에게 세심하게 신경쓰는 부분이 부족하고 주로 짜증을 낸 것이 아닌가 하는 생각이 들기도 했습니다. 와즈다는 가정에서도 '질적인 돌봄'을 받지 못했는데 부부간의 문제로 인해 자녀에게 심리적으로 안정된 환경을 제공하지 못한 것이 안타까웠습니다. 사우디아라비아에서는 여성의 운전이 금지되어 있어서 이동할 때 운전사를 고용해야만 합니다. 이슬람권 논리에 따르면 여성보호 관점에서 그렇게 한다고 하는데, 외국인들이 봤을 때는 이해가 가지 않는 부분이 많았습니다. '보호'라는 이름으로 여성의 자유를 빼앗고 있는 것입니다. 영화에서 보면 전통의상인 아바

야와 얼굴을 가리는 히잡과 니캅을 착용하고 에어컨도 없이 더운 날에 불친절한 기사의 차를 타고 일을 하러가는 와즈다 엄마의 모습이 나옵니다. 또한 대를 이을 아들을 못 낳는다는 이유로 시어머니가 둘째 부인을 들일 것을 강요한다는 것도 일부일처제인 우리는 이해하기가 어려운 부분이기도 했습니다. 의상에 제한이 많은 폐쇄적인 나라임에도 불구하고 와즈다의 엄마는 남편에게 잘 보이려고 빨간색 원피스를 입어보고 사고 싶어하는 장면도 안타까웠습니다. 그러나 결국 와즈다의 엄마와 와즈다는 멀리서 아빠의 둘째 부인과의 결혼식을 지켜보는 슬픈 일을 경험하게 됩니다.

🎬 영화로 내마음 읽어내기

영화 <와즈다>를 통해 사우디아라비아의 여성이 자전거를 타게 되었다고 합니다. 이러한 좋은 토론거리를 제공하는 영화가 좋은 영화가 아닐까 생각합니다. 영화 <와즈다>는 사우디아라비아에 '여성의 인권'이라는 질문을 던지게 한다는 면에서 매우 의미있는 영화였습니다. 와즈다의 하교 길에 우연히 본 어떤 아저씨가 있었습니다. 공사장에서 일하던 아저씨였는데 와즈다에게 "아저씨한테 와서 놀자."고 성희롱 수준의 발언을 한 것은 정말 충격적이었습니다. 여성 또는 아이, 특히 여자아이의 인권이 제대로 보호되지 못하는 장면들을 보면서 정말 안타까웠습니다. 다시 한번 여자아이를 둘러싼 주변인들의 보호와 지지가 현실적으로 얼마나 이루어지고 있는가 하고 생각해 볼 기회가 되었습니다.

영화라는 매체를 활용할 때 주의해야 할 점 가운데 하나는 어떠한 처방적인 영화 선정보다는 다양한 영화 속에서 자연스럽게 자신에게 주는 메시지를 발견하는 것이라 생각합니다. 같은 영화를 보면서도 각자의 히스토리에 따라 다른 적용을 할 수 있기 때문입니다. <와즈다>는 먼저 여성들이 보면 좋을 것 같고, 여자아이를 키우는 부모가, 여자아이를 교육하는 선생님들이 보면 좋겠습니다. 어떤 불합리한 인습 가운데 갇혀있는 당사자들은 그것의 심각한 문제성을 잘 모르는 경향이 있으니까요. 이러한 영화를 통해 여성의 인권에 대해서, 그리고 어떤 식으로 여자아이들을 양육하고 대해야 하는지에 대해서 한번 생각해 볼 기회가 되었으면 좋겠습니다.

세상에 온 이유는 행복하기 위해, 사랑받고 사랑하기 위해서가 아닐까 하는 생각을 다시 한번 해보게 되었습니다. 그리고 만약 차별을 받는 상황에서 여러분이라면 어떻게 이겨나가겠는가 하고, 영화 <와즈다>를 통해서 다시 한번 이 질문을 해보았으면 좋겠습니다. '양성평등'과 관련하여 우리나라는 긍정적으로 변화되어가고 있기는 합니다만 여전히 아직도 여성이라는 이유로 불이익을 받는 편견이나 가치관으로 어려움을 겪는 경우가 많습니다. 이러한 부분에 있어서 매우 취약한 사우디아라비아를 배경으로 한 영화를 통해 여성과 여학생의 성역할, 성차별, 사회적 편견 등에 대해 생각해 보면 좋을 것 같습니다.

📢 *나는 여성이라고 차별받거나 차별을 한 경험이 있는가?*

우리나라의 여성 인권에 대해서 어떻게 생각하는가?

■ 치료적 흥얼거리기

차별받는 경험을 하게 될 때, 어떠한 '나만의 방법'으로 극복해 봅시다.

●●● <나의 노래>(달빛요정 역전만루홈런), <오리 날다>(체리필터)

알로 슈티
Bienvenue Chez Les Ch'tis
(2015)

대니 분 감독 / 카드 므라드, 대니 분

🎞 프랑스 국민 1/3이 선택한 바로 그 영화

'울면서 가는 곳'이라는 말이 있습니다. 프랑스의 최북단 일명 '슈티'라 불리는 시골 '베르그'가 그런 곳입니다. 혹독한 추위와 알코올에 중독된 사람들, 알아듣지 못할 방언 때문에 모두가 꺼리는 곳이었습니다. 지친 도시 생활과 우울증에 걸린 아내로 인해 우체국장 필립은 사랑하는 가족을 위해 따뜻하고 여유로운 남부 프랑스로 전근을 계획합니다. 하지만 그가 발령받은 곳은 베르그였습니다. 결국 기러기 아빠로 슈티에서의 생활을 시작합니다. 북부 지방에는 이런 속담이 있습니다. '타지인이 우리 마을에 오면 두 번 운다. 처음에는 이곳에 너무 오기 싫어서 울고, 떠날 때는 너무 아쉬워서 운다.' 우리는 인생에서 우리가 원하지 않는 일들을 감당해야 할 때가 있습니다. 한번도 상상하지 않았던 곳으로의 발령, 낯선 사람들과의 관계, 모든 것이 생소한 상황들을 맞게 되는 경우도 있습니다. 주인공 필립이 정말 원하지 않았던 낯선 베르그에서의 생활을 통해 결국에는 작은 행복들을 경험했듯이, 우리에게 원치 않는 일상의 조각들이 있다면 그 가운데 작은 의미들을 발견하는 시간이 되었으면 좋겠습니다.

📹 나누고 싶은 에피소드, 하나

'슈티'에 대해서

이 영화는 '언어의 장벽마저 무너뜨리는 웃음'을 준다는 평가를 받은 영화였습니다. 실제로 프랑스 전역에 '슈티' 열풍을 일으켰으며 영화의 배경이 된 슈티 지방에는 엄청난 관광객이 몰려들기도 했다고 합니다. '슈티'란 프랑스 북부 지역과 그곳에 사는 사람들, 그들이 사용하는 사투리 등을 통칭하는 단어를 의미합니다. 특히 이 지역의 언어는 '슈티 프랑스어' 사전이 존재할 정도로 프랑스 표준어와 많은 차이가 있다고 합니다. 재미있었던 장면 중에 '슈티미'라는 말을 주고받는 장면이 있었습니다. 거의 모든 말에 슈티미라는 표현을 썼던 것 같았습니다. 이러한 장면을 보면서 자막을 보니 웃음이 나왔습니다. 번역한 사람이 참 재치있다는 생각이 들었습니다. 프랑스어와 프랑스 사투리를 한국어 표준말과 한국 사투리 비슷하게 표현한 내용을 보면서 쉽지 않았겠다는 생각이 들었습니다. 우리말 자막만 봐도 재미있는데 프랑스 사람들은 이 영화를 보면서 얼마나 재미있었을까 하는 생각이 들기도 했습니다. 제 생각이 맞는지는 모르겠지만 슈티미라는 표현은 우리말로 하면 전라도 사투리 '거시기' 정도가 아니었을까 생각해 보았습니다. '거시기'라는 말로 웬만한 뜻은 다 통하는 것처럼 '슈티미'라는 말로 거의 의사소통이 되는 장면들이 참 흥미로웠습니다. 코미디 영화는 순간의 장면들 속에서 우리에게 큰 기쁨을 주는데 '알로 슈티'도 그랬던 것 같습니다.

　따뜻하고 풍요로운 이미지로 대표되는 남부 프랑스와는 달리 실제로 북부 프랑스는 관광지로는 별로 유명하지 않습니다. 그러나 이곳은 또 다른 매력을 가지고 있습니다. '알로 슈티'를 통해서 북부 프랑스 지역을 경험할 수 있다는 것도 영화를 보는 재미 가운데 하나일 것입니다. 북부 프랑스 지역의 가장 큰 특징은 프랑스와 인접한 벨기에, 독일 등의 건축 양식과 문화, 음식이 조화롭게 어우러져 색다른 볼거리를 제공한다는 것입니다. 베르그는 영화 <알로 슈티>의 흥행 이후 프랑스에서 가장 인기 있는 관광 명소로 떠올랐고, 영화 속 장소들을 관광객들이 직접 방문할 수 있는 일명 '슈티 투어'를 운영하기도 했다고 합니다. 영화에 등장한 북부 프랑스 해변은 고흐, 모네, 밀레 등 유명작가의 작품 활동 무대가 되었던 장소로 투박하지만 정감 있는 낭만을 느끼게 해줍니다. 그리고 주인공 필립을 당황하게 만들었던 독특한 향의 마르왈 치즈 역시 북부 프랑스만의 특색 있는 음식문화를 잘 보여줍니다. 그리고 영화 속에서 필립과 우체국 직원들의 저녁식사 장소로 잠시 보여졌던 '릴'의 야경을 보면 북부 프랑스 지방을 여행하고 싶은 마음이 들 것입니다.

✪ 나누고 싶은 에피소드, 두울

주말부부에 대해서

프랑스는 땅이 넓다 보니 북부와 남부의 차이가 큽니다. 프랑스 북부는 여름에도 영하 0도로, 사람이 살 곳이 못되고 사투리가 심해 말도 안 통한다는 말도 안되는 편견이 있었습니다. 베르그로 발령받은 당시 필립의 아내와 아들은 사람이 살 곳이 아니라면서 베르그에 따라가는 것을 거부하고 결국 주말부부를 하게 됩니다. 프랑스 북부 지역은 거의 모든 말에 '슈티미'를 넣는데 필립도 처음에는 말도 안통하고 지역색이 너무 강한 모습에 짜증스러워 합니다. 그런데 알고 보니, 가족과 주변사람들이 걱정하던 대로 사람 살 곳이 못되는 그런 곳이 아니었습니다. 마을 사람 전체가 따뜻하고 정이 많고 실제로 너무 즐겁게 지냈던 나머지, 2주마다 집으로 가던 것도 잊을 정도로 필립은 즐겁게 지냅니다. 그러나 우울증에 걸린 아내는 남편이 베르그에서 고생한다는 생각에 안쓰러워하면서 스스로의 문제를 극복하려 노력하는 가운데 자연스럽게 우울증상도 사라지고, 오히려 필립 부부는 이전보다 더 사이가 좋아집니다. 필립은 이러한 관계를 깨고 싶지 않아서 계속 베르그는 지옥 같은 곳이라고 아내에게 거짓말을 하기도 합니다. 발령받기 전, 불안정한 고용상태에 있었을 때 아내는 필립에게 상처를 많이 주었습니다. "당신이 정말 무능해 보여, 당신은 왜 하는 일마다 내 신경을 긁어?" 등의 말로 면박을 주기도 했습니다. 그랬던 아내가 남편이 베르그에 가서 고생하는 모습을 보니 안쓰러워서 어쩔 줄 몰라하게 되었습니다. 주말부부가 반드시 부정적인 면만 있는 것은 아니었습니다. 우리들은 여러 가지 이유로 직업을 선택하고, 때론 여러 가지 이유로 가족들이 떨어져 지내기도 합니다. 물리적인 거리가 어느 정도이든 간에 서로를 귀하게 여기고, 애쓴다고 말해주고, 그럴 수 있는 마음의 여유가 있다면 좋겠습니다. 그런 것은 가족들만이 채워줄 수 있는 것이기 때문입니다.

🎬 영화로 내마음 읽어내기

영화 <알로 슈티>는 과하지 않으면서도 자연스럽게 웃음이 터지는 유머가 있는 영화이고, 사람과 세상을 바라보는 시선이 따뜻하며 사람 냄새가 나는 영화입니다. 아마도 이런 영화들 때문에 프랑스 영화 매니아들이 생겨나는지도 모르겠습니다. 소소한 일상 이야기들로 결국은 일상에서 행복을 경험하게 하는 것, 실제로 행복에 가장 가까이 다가갈 수 있는 방법들을 영화에서 보여주고 있다는 생각이 들었습니다. 흔한 농담으로 3대가 덕을 쌓아야 주말부부를 할 수 있다고들 합니다만, 물론 상황이 여의치 않은 경우도 많이 있겠지만 가족상담 전문가의 입장에서 말하자면 가족은 함께 하는 것이 바람직하다고 생각합니다. 가족과 떨어져 지내는 필립이 힘들어하는 것을 보고 아내는 자신의 우울증을 극복하려고 애쓰면서 결국은 남편과 함께 있기를 자처합니다. 이때 필립은 아내에게 이런 말을 합니다. "우리가 처음에는 어디라도 행복하고 좋았잖아, 같이 있으면 어디라도." 결혼 생활을 오래 하신 분들은 한번쯤 이런 말을 되새겨 보신다면 좋겠습니다. 누구나 이랬 던 때가 있었을 테니까요.

🔊 *원치 않는 생활 속에서 뜻하지 않게 얻게 된 행복한 경험이 있 나요?*

....

....

....

....

....

....

....

....

🎞 *치료적 흥얼거리기*

당장에 보기에는 안좋은 결정 같아 보이지만 어쩌면 '새로운 기회'가 나를 기다리 고 있을지도 모릅니다.

●●● <이세상 살아가다 보면>(강승윤&장재인), <잘됐으면 좋겠다>(홍대광)

우리들 The world of us
(2016)

윤가은 감독/ 최수인, 설혜인, 이서연, 강민준

🎞 마음이 통했으면 좋겠어

누구나 한번쯤은 어릴 적 그 시절로 돌아가고 싶은 마음이 있을 것입니다. 단순하고 순수하게 같은 반 친구들과 즐겁게 지냈던 추억의 그 시절로 말입니다. 하지만 어린이와 어른을 가르는 경계라는 것이 참 모호하기도 합니다. 어른이 된 후에도 여전히 성장을 거듭하고 있는 경우가 대부분이고, 어린이도 치열한 삶을 살아가야만 할 때도 많고 그렇습니다. 이런 면에서 볼 때 우리의 어린 시절의 추억들이 과연 좋기만 한 것일까 한번 생각해 보았으면 합니다. 사춘기가 시작된다는 '초등학교 4학년'은 어떤 의미에서 조금 특별하다고 생각됩니다. 아주 어리기만 하지도 않은 막 성숙을 시작하는 단계가 아닐까 생각됩니다. <우리들>은 초등학교 4학년의 이선과 한지아의 갈등을 그린 영화입니다. <우리들>은 철저히 아이들의 관점에서 전개됩니다. 물론 아이들만을 위한 영화는 아닙니다. 오히려 어른들을 위한 영화라고 할 수 있겠습니다. 늙은 소녀로 남기를 바라는 윤가은 감독의 자전적 독백이자 소박한 바람에 대한 이야기입니다. <우리들>은 그때 그 시절을 아름답게 포장하려 하지 않습니다. 오히려 그때 있었던 미묘한 긴장, 불안, 우울을 보여줍니다. 주인공들은 주어진 상황 속에서 고군분투하며 극복하기 위해 애씁니다. <우리들>은 우리가 흔히 추억하는 좋았던 그 시절 속에 숨겨진 관계의 불안을 그려냅니다. 권력관계, 경쟁, 왕따, 배신, 우울 등을 말입니다. 사춘기라고 이름 지어진 시기의 아이들에게는 상처가 있었고 싸우면서 자란다는 아이들에게 가슴 깊은 흉터가 남기도 했습니다. 그리고 그 아이들은 바로 현재의 우리들일 것입니다.

🎥 나누고 싶은 에피소드, 하나

왕따가 되지 않기 위해서 왕따를 시킨다는 것

모두가 피해자가 되는 관계가 참으로 안타까웠습니다. 왕따의 상처가 있는 지아는 전학 와서 처음으로 사귄 친구 선이가 왕따라는 것을 알게 된 후 과도하게 선이를 멀리하고 오히려 선이를 왕따시키는 무리 속에 들어가서 선이를 무시하고 괴롭힙니다. 이처럼 자신이 왕따 당하지 않으려면 결국 왕따를 시켜야 한다는 안타까운 현실에 노출되어 있는 아이들이 실제로 많습니다.

영화에서 친구에게 자꾸 맞고 오는 남동생에게 선이가 이렇게 말하는 장면이 있습니다. "너 왜 자꾸 연호랑 놀아? 너에게 상처를 주는데도 왜 놀아? 윤아, 너 바보야? 왜 자꾸 같이 노는데? 연호가 때리면

너도 다시 때렸어야지." 그때 윤이의 답변이 정말 인상적이었습니다. "계속 때린다고 또 때리고, 그럼 언제 놀아? 난 그냥 놀고 싶은데." 윤이에게는 연호와 노는 것이 제일 중요한 것이었습니다. 친구란 이런 것인가 봅니다. 그리고 영화의 마지막 장면(피구)에서 지아가 금을 밟지 않았다고 말하는 선이는 나름대로 친구를 위해 최선을 다했습니다. 선이와 지아가 다시 친구가 되어 바라보는 장면은 정말 가슴이 푸근해지게 하는 장면이었습니다.

⊛ 나누고 싶은 에피소드, 두울

선이의 부모님은 어쩌면 그렇게 선이의 마음을 몰라줄까요?

선이가 힘들 때, 엄마와 이야기 나누고 싶어할 때, 엄마는 늘 바빴습니다. 엄마는 나름대로의 삶의 무게로 힘겨웠지만 그럭저럭 꾸려가는 중이었습니다. 시아버지 간병, 김밥집 운영, 술을 좋아하는 남편 뒷바라지, 두 아이들을 키우면서 넉넉지 않은 살림을 꾸려가느라 늦은 밤 귀가해서는 바로 잠들곤 했습니다. 그래도 늘 씩씩하고 밝게 생활하는 엄마의 모습이 좋아보이기는 했습니다. 평소 어린 동생을 돌보는 것은 선이의 몫이었습니다. 착한 선이는 동생도 잘 돌보고 엄마에게 더 이상 조르거나 하지도 않았습니다. 하지만 선이의 마음을 공감하는데는 많은 부족함이 있었던 엄마였습니다. 예를 들어, 선이가 친구들과의 어려움이 있어서 휴대폰을 사달라고 할 때 선이의 마음을 읽어주지 못했었고, 선이가 영어학원에 보내달라고 할 때는 안보내주다가 나중에 선이와 갈등관계에 있는 친구들이 있는 영어학원에 있어서 가기 싫어하는 선이를 억지로 보내기도 합니다. 선이가 친구들에게 '알콜릭 아빠의 딸'이라는 놀림을 받으며 아파했던 날에도 아빠는 소주를 사가지고 와서 이렇게 말합니다. "애들이 일이 있을게 뭐있어? 공부하고 놀고 그러면 되는거지." 정말 부모 중 누구도 공감해 주지 못하는 선이의 환경이 정말 안타까웠습니다. 어른들의 눈에는 아무것도 아닌 듯 보일지 모르겠지만 그 시절에는 친구가 세상의 전부일 수도 있는데 누가 대신해 줄 수 없는, 스스로 알아가야만 하는 세상이 참으로 버거웠던 시기였던 것 같습니다.

🎬 영화로 내마음 읽어내기

사람들과 이야기를 나눠보면 누구나 한번쯤은 어린 시절 친구관계와 관련하여 아픔이 있는 경우가 있습니다. 어떤 식으로든 어린 시절의 아픈 기억들은 현재의 인간관계에 영향을 미치게 됩니다. 따라서 지금도 영향을 미치는 부분이 있다면 해결하고자 노력하는 것도 필요하다고 생각합니다. 그리고 부모님이 유난히 자녀들의 교우관계에 대해 민감하게 반응을 보인다면 아마도 부모 자신의 과거 기억들과 연관되어 있지 않을까 생각해 볼 수 있습니다. <우리들>을 보면서 아이들이 참 선이를 아프게 하는 것이 속상했습니다. 그러면서 개인적으로는 중학교 때의 기억이 잠시 떠올랐습니다. 영화에서 지아가 선이에게 준 색

연필을 빌려준거라며 다시 뺏어가는 장면이, 저의 중학교 시절을 잠시 떠올려 보게 했습니다. 친한 반 친구가 제게 선물로 준 빨강, 파랑, 검정의 새로 나온 볼펜을 다시 달라고 해서 다른 친구에게 주었던 일이 있었는데 당시에는 무척이나 아픈 사건이었습니다. 그래서인지 영화 속 장면에 화가 나기도 했습니다.

영화 <우리들>의 첫 장면과 마지막 장면이 피구 경기라는 사실이 의미 있어 보입니다. 피구의 특성상 안에 있는 선수들은 상대의 공격을 피해 다녀야 하지만, 일단 공에 맞거나 금을 밟아 밖으로 밀려난 사람은 자신이 당했던 방식과 같이 공격에 가담하게 됩니다. 영화에서의 관계도 마찬가지입니다. 가해자와 피해자 사이가 아니라, 피해자와 피해자 사이에서 공격이 이루어집니다. 예전에 자신에게 깊은 상처를 입혔던 말을 가해자가 아닌 또 다른 피해자에게 합니다. 요즘 'SNS 감옥'이라는 말이 있습니다. 억지로 SNS에 초대하고는 왕따시키고 정말 잔인할 정도로 심한 고통을 주는 일이 있다고 합니다. 요즘 아이들이 정말 안쓰럽습니다. 윤가은 감독은 <우리들>을 아이들을 위해서 만든 것이 아니라고 했습니다. 오히려 어른들에게 자신의 어린 시절을 떠올려보며 상처를 치유할 수 있기를 바라는 듯 했습니다. 삶의 모든 시절에는 그 시절만의 치열한 문제가 있습니다. 영화를 통해서 잠시 그 시절로 돌아가서 나를 만나는 시간을 가져보시면 좋을 것 같습니다.

📢 나는 왕따의 경험이 있었는지 생각해 봅시다

피해자/가해자

....

....

....

....

....

....

....

▪️ 치료적 흥얼거리기

어린 시절의 기억 속으로 잠시 돌아가 봅시다.

●●● <내가 니 편이 되어줄게>(커피소년), <혼자라고 생각말기>(김보경)

당신과 함께한 순간들

Marjorie Prime

(2017)

/

마이클 알메레이다 감독 / 로이스 스미스, 존 햄

🎞 기억은 퇴적층과도 같아서 잊어버려도 거기에 있어

점점 기억을 잃어가는 여든다섯의 여성 마조리 곁에는 먼저 세상을 떠난 남편의 모습으로 복원된 인공지능 월터가 있습니다. 마조리는 월터에게 자신이 기억하는 순간을 이야기하며 잊고 지냈던 지난 시절의 추억과 자신의 삶을 되돌아보게 됩니다. 그리고 과거의 기억에 의존한 불완전한 추억을 공유하며 말벗을 하게 됩니다. <당신과 함께한 순간들>은 겉으로만 보아서는 한없이 고요하게 진행되는 것 같지만 안으로는 격렬한 감정의 급류가 있는 영화입니다. 치매로 점점 기억을 잃어가는 85세 마조리는 젊은 시절 남편의 모습으로 복원된 인공지능 월터와 추억을 나누며 하루하루를 보냅니다. 마조리의 딸 테스와 사위 존은 그런 인공지능 월터에 대해 상반된 태도를 보입니다. 그러나 마조리가 타계하자 인공지능에 반감을 가졌던 테스가 85세 어머니의 모습으로 복원된 인공지능 마조리와 대화를 나누기도 하는 것을 보면 인공지능이 주는 위안의 비중이 큰 것 같습니다.

영화는 바닷가의 한 저택을 중심으로 펼쳐집니다. 영화가 시작되면 SF적인 설정에 대한 설명이나 인물에 대한 소개도 없이 곧바로 두 남녀가 나누는 긴 대화를 들려주어 관객을 어리둥절하게 만듭니다. 조던 해리슨의 원작 『마조리와 프라임』을 영화화한 이 작품은 처음에는 연극으로 공연된 작품이었다가 영화로 제작되었다고 합니다. 공간의 다양성이 부족하기 때문에 처음에는 약간 지루함을 느낄 수도 있습니다. 그러나 우리에게 정말 많은 의미 있는 메시지를 주는 영화입니다. 반드시 끝까지 보시면 좋겠습니다.

■ 나누고 싶은 에피소드, 하나

프라임에 대해서

영화 속 인공지능은 죽은 자를 대신합니다. 영화는 치매로 기억을 잃어가는 여든다섯의 마조리가 죽은 남편을 복원한 홀로그램으로 구성된 인공지능 월터와의 대화로부터 시작됩니다. 월터는 마조리와 그 외 가족들의 기억에 의존한 정보들을 토대로 대화를 이어갑니다. 인공지능은 대화가 축적되고 정보가 쌓이면서 '딥 러닝'이 가능해집니다. 이러한 설정에 나오는 인공지능 월터를 '프라임'이라고 합니다. 이러한 설정에 대해 딸 테스는 처음에는 별로 호감을 갖지 않습니다. 사람 같지 않은 물체를 사람인 것 마냥 대해야 한다는 것 자체에 반감이 있을 수도 있겠지요. 하지만 마조리와 사위 존은 홀로그램의 존재를 인정합니다. 그리고 이 인공지능의 문제는 '살아있는 이들의 기억'에만 의존한다는 것입니다. 실제로 같은 상황을 보더라도 서로 다른 해석이 가능하며 기억은 시간이 흐를수록 희미해지고 심지어 사라지기도 합니다. 그로 인해 기억들은 변형되고 덧붙여지기도 합니다. 영화 속 주인공들의 기억 역시 사람마다 다른 갖가지 기억들이 존재하기 때문에 기억에 의존한 정보가 입력된 인공지능은 혼란스러울 수밖에 없습니다. 32개의 언어를 구사할 줄 아는데다 뛰어난 검색 능력까지 갖춘 인공지능이지만 인간만이 할 수 있는 개인적 경험과 그에 대한 기억은 인공지능이 가질 수 없는 한계입니다. 또한 잊혀지고 변형되는 인간의 기억이란 것은 시대가 발달하더라도 나아질 수 없습니다. 그래서인지 마조리의 기억에 의존한 인공지능 월터는 살아생전의 월터와는 전혀 다른 경험의 새로운 산물로 보이기도 합니다. 인공지능 월터는 어쩌면 과거의 인물이라기보다는 현재의 소망을 담은 산물이라고도 할 수 있습니다. 결국 인공지능에 별로 관심이 없었던 테스 역시 엄마가 돌아가신 후 엄마의 홀로그램과의 대화를 시도합니다.

❸ 나누고 싶은 에피소드, 두울

나의 과거에서 만나고 싶은 장면
- 나는 누군가에게 어떤 모습으로 만나지고 싶은가?

프라임처럼 어제 해준 얘기 또 해주고, 계속 듣고 싶은 얘기를 마치 처음하는 것처럼 진지하게 들어줄 수 있는 사람이 있을까요? 영화 초반에 마조리와 월터가 나눈 대화가 참 인상적이었습니다. "조금 더 같이 있어줘.", "이제 무슨 얘기할까?", "얘기 안해도 돼, 그냥 옆에 앉아 있기만 해줘.", "난 시간 많아, 옆에 있을게." 등등. 이러한 대화가 인공지능과의 대화가 아니었다면 얼마나 사랑이 넘치는 대화였을까 하고 생각해 보니 아쉽기도 하고 약간은 씁쓸하기도 했습니다. 마조리는 젊은 시절 남편의 모습을 만나고 싶어했고 인공지능이 바로 젊은 월터의 모습이었습니다. 테스는 나이든 엄마의 모습을 만나고 싶어했기 때문에 인공지능이 죽기 직전의 엄마의 모습이었습니다. 만약 우리가 과거의 누군가를 다시 인공지능으로 만날 수 있다면 누구를 어떤 모습으로 만날 수 있을까? 하고 생각해 보았으면 좋겠습니다. 아니면 누군가가 나를 인공지능으로 소환한다면 어떤 모습의 나로 기억하고 싶어할런지 상상해 보는 것도 재미있을 것 같습니다.

영화로 내마음 읽어내기

　기억에 대한 모든 영화는 결국 시간에 대한 영화입니다. 기억이라는 것은 흘러간 시간을 전제로 하기 때문입니다. 그게 어떤 사건이든 경험은 시간이 흐르는 곳으로 말려 들어가게 마련입니다. 그러므로 경험을 끌어올려 기억하려는 사람은 곧 시간과 맞서서 싸우는 사람일 것입니다. 우리가 기억하는 것들은 결정적인 경험 자체가 아닌 그 경험의 주변 풍경들이며 직접적 관련이 없는데도 이상하게 뇌리에 남아있는 기억의 조각들인 경우가 많습니다. 그러니까 끝까지 남게 된 것은 그들 자신이 아니라 그들이 본 이미지 파편의 잔상이고 원본을 알 수 없게 복제된 말일 수도 있다는 것입니다. 그러나 과연 우리가 잊고 있던 과거의 기억을 알아가는 것이 좋기만 한 것일까요? 가끔은 그냥 모르는 편이 나았을 그런 기억들도 있을 것 같습니다. 특히, 나로 인해 상처를 받고 그 상처를 기억하는 사람들에게 그러한 이야기를 듣는 것은 매우 괴로운 일인지도 모르겠습니다. 그래서 어떤 때는 그냥 모르는 채 살아가고 싶은건지도 모르겠습니다. 그러나 좋은 기억들은 그 기억의 내용은 다르게 기억될지라도 '좋은 감정'으로 기억된다는 좋은 점이 있습니다.

꼭 치매 노인이 아니더라도 인간은 누구나 외로운 존재입니다. 그러나 특히 치매 노인에게는 '프라임'이 효과적인 역할을 할 것 같다는 생각이 들기도 했습니다. 마조리를 보면서 존과 테스는 이렇게 이야기를 합니다. "그 나이에는 누군가와 함께하는 것이 가장 중요해." 프라임만큼 무한정 시간을 내서 곁에 있어줄 누군가가 노년에 있다면 얼마나 좋을까요? 미래의 언젠가는 바쁘기만 한 주변사람들보다 각자의 프라임과 대화를 나누는 그런 날이 올지도 모르겠습니다. 영화의 엔딩 장면에서 프라임들과 함께하는 모습은 마치 우리의 미래의 모습처럼 보이기도 했습니다.

📢 당신이 활용하고 있는 인공지능이 있나요?

미래에 경험하고 싶은 인공지능에 대해 생각해 봅시다.

....

....

....

....

....

....

....

....

▦ 치료적 흥얼거리기

과연 인공지능이 곁에 있다면 덜 외로울까요?

●●● <Destiny>(러블리즈), <기억날 그날이 와도>(엔씨야)

다가오는 것들

Things to come

(2016)

/

미아 한센-러브 감독 / 이자벨 위페르, 로만 코린카

⊞ 다가오는 모든 것들은 변한다

고등학교에서 철학 교사로 일하고 있는 50대 여성 나탈리는 평온한 삶을 누리고 있는 듯합니다. 하지만 어느 날 남편 하인츠가 다른 여자를 사랑한다면서 불쑥 결별을 선언합니다. 또한 불안증 때문에 수시로 나탈리를 찾는 어머니는 거듭된 자살 시도 후 요양원에 들어가게 됩니다. 나탈리의 학교에서는 학생들이 시위를 벌이는 과정에서 나탈리에게 가시 돋친 말을 하고, 출판사는 철학 교재의 개정판을 내면서 오래도록 저자로 참여해 온 그녀를 배제합니다. 정말 한꺼번에 많은 일들이 그녀의 삶에 다가옵니다.

철학을 가르치는 나탈리는 평범한 사람입니다. 자기연민에 젖어 신세한탄의 눈물을 흘리기도 하고 교사와 저자로서의 특권 상실에 당혹스러워하기도 합니다. 영원한 것은 없습니다. 변화하는 미래, 그리고 변화시킬 미래에 맞서있는 나탈리는 영화에서 과하지 않게 감정을 잘 추스르며 자신에게 '다가오는 것들'에 대처해 나갑니다. 우리는 영화를 통해서 앞으로 우리에게 '다가오는 것들'에 대해서 생각해 보고 어떤 모습으로 대처할 것인가에 대해서도 한번 생각해 보았으면 합니다.

📹 나누고 싶은 에피소드, 하나

나탈리에게 '다가오는 것들'이란?

영화 <다가오는 것들>은 '타인의 삶을 이해하는 것은 가능한가?'라는 질문으로 시작됩니다. '타인을 이해하려는 시도는 훌륭하지만 자신의 삶을 이해하는 것은 가능한가?'라는 질문으로 영화를 감상하면 좋을 것 같습니다. 나탈리는 엄마의 죽음을 슬퍼하며 울다가 버스 차창 밖으로 남편이 애인과 걸어가고 있는 모습을 보며 웃음을 터뜨리기도 합니다. 수준 이하의 한심한 남편의 모습에 황당해 하며 웃을 수밖에 없었던 모양입니다. 청천벽력 같은 남편의 고백 장면에서조차 나탈리는 감정적 파국을 요란하게 보여주지 않았습니다. 당혹감 속에서 끊겼던 부부 사이의 대화 다음 장면은 바로 교정의 나무 그늘 아래서 낮잠을 자다가 갑자기 불어온 바람에 날아가는 서류들을 담담하게 주우러 다니는 모습이었습니다. 아마 나탈리의 심리상태를 이런 식으로 표현한 것이 아닌가 싶습니다. 나탈리에게 있어서 남편과의 이별은 그녀에게 아무 의미도 없는 듯 오히려 그동안 자신과 아이들의 추억이 묻어났던 브르타뉴 별장, 메모가 적힌 책들을 소유하지 못하는 것에 대한 상실감을 더 크게 느꼈습니다.

<다가오는 것들>은 비범하고도 깊습니다. 스토리에서 나탈리의 삶에 결정적 충격을 가져다주는 것으로 보였던 로맨스의 상실은 또 주변에 많은 매력적인 이성들이 있었음에도 다른 로맨스로 간단히 대체되지 않았다는 것이 특징입니다. 오히려 나탈리가 더 깊어지는 계기가 되었다는 것이 의미 있었다고 생각합니다.

🎬 나누고 싶은 에피소드, 두울

나탈리의 모범생 제자 파비엥과의 관계

영화 속에서 쇼펜하우어와 레비나스의 책이 의미심장하게 언급되고, 파스칼이 길게 인용되기도 하는데 이런 대목들은 나탈리가 철학 교사라는 점에서 그녀의 일상과 정체성을 드러내는 효과적인 디테일이 되었습니다. 제자 파비엥은 평소 책과 인간의 관계를 섬세하게 드러내는 나탈리와 지적인 대화를 하고 철학적 소통을 하는 의미있는 존재였습니다. 어느 날 남편의 불륜고백을 듣게 된 나탈리는 무정부주의적 공동체를 형성해 살겠다며 시골로 떠났던 파비엥의 공동체로 휴식을 취하러 갑니다. 그곳에서 만난 제자 파비엥도 어느 순간 변했음을 인식하고 당황스러워 합니다. 아니 변했다라기 보다는 '진실한 그의 생각'을 듣게 된 것일 수도 있습니다. 철학적 사유를 함께 해왔다고 생각한 제자의 변화는 나탈리에게 큰 충격을 주었습니다. 이때 평소 알레르기가 있음에도 나탈리는 밤새 고양이 판도라를 끌어안고 서럽게 웁니다.

영화 속에서 가장 서러워했던 장면이었던 것 같았습니다.

　나탈리는 공동체와 어울려 시간을 보내면서 그동안 자신이 자연스러운 '어떤 흐름'을 막고 있었다는 생각을 하게 됩니다. 나탈리는 앞으로 자신의 삶에 다가오는 것들을 회피하지 않고 있는 그대로 받아들이겠다는 결심을 하게 됩니다. 위기 앞에서 갈팡질팡했던 평범한 인간 나탈리는 외부로부터 불어닥친 거대한 충격에 대해 자신의 내부의 힘으로 맞서며 위엄을 드러냅니다. 그녀의 힘은 하인츠나 파비엥 같은 남자와의 관계가 아니라 그녀가 읽어왔고 가르쳐왔던 책, 그리고 '다가오는 것들'을 두려움 없이 직시하는 삶의 상상력에서 오는 듯 했습니다.

🎬 영화로 내마음 읽어내기

　과거를 고집하거나 집착하지 않고 <다가오는 것들>을 덤덤하게 받아들이는 나탈리의 이야기입니다. 그녀는 자신만의 철학적 사유를 통해 변치 않는 진리를 알아가려고 애썼고 이 진리에 대한 탐구와 열정이 '다가오는 것들'을 받아들일 수 있게 해준 것 같습니다. 그녀에 삶에 갑작스럽게 들어온 여러 가지 이벤트들은 어찌보면 어느 정도는 예상 가능했던 일일지도 모릅니다. 나탈리는 다른 수준에서의 삶과 자유를 누릴 줄 알았습니다. 책 한 권을 들고 마땅한 자리를 찾아 빙빙 돌다가 옆으로 누워 독서 삼매경에 빠진 나탈리는 결코 외로워 보이거나 하지 않았습니다. 진심으로 철학을 기뻐하고 즐거워하는 모습이었습니다.

　<다가오는 것들>은 바람 불어오는 삶의 한 지점에서 온전히 자유

와 품위를 찾아낸 한 인간의 여정을 다룬 탁월한 여성 영화이면서 감동적인 휴먼 드라마입니다. 삶에 다가오는 변화들을 가능한 자연스럽게 받아들이겠다는 자각에서부터 자신의 삶을 이해하면 좋을 것 같습니다. 그리고 우리 각자에게 앞으로 다가올 뻔하고 어쩌면 예측가능한 이벤트들에는 무엇이 있을까? 한번 생각해 보아도 좋을 듯 합니다. 어쩌면 피하고 싶은 일들도 많겠지만 그러한 일들을 덤덤하게 받아들일 수 있는 다른 차원의 기쁨, '나만의 진리'라는 것이 무엇일까? 한번 생각해 보는 시간을 가져보았으면 합니다.

📢 <u>앞으로 우리에게 다가오는 것들에 대해서 생각해 봅시다</u>

나에게 앞으로 10년간은 어떤 일이 기다리고 있을까요?

....

....

....

....

....

....

....

■ 치료적 흥얼거리기

내가 감당할 수 있는 만큼의 일들이 다가오기를 바라며, 미래를 기대하는 시간을 가져봅시다.

●●● <Where you at>(뉴이스트W), <남이 될 수 있을까>(볼빨간 사춘기&스무살)

플랜맨 The Plan Man
(2014)

성시흡 감독 / 정재영, 한지민

> 🎞 <u>전 모든 일에 계획을 세우고 알람을 맞춥니다.</u>
> <u>그게 이상한가요? 성실한 거지</u>

　　주인공 정석은 아침 6:00 기상, 일어나서 침대시트 교체, 6:35 샤워, 드라이어로 욕실 샤워커튼의 물기 말리기, 8:00 깔끔하게 정돈된 옷장에서 옷 꺼내 입기, 8:30 출근, 8:42 횡단보도 건너기, 출근 후 수시로 세균소독 스프레이를 뿌리며 생활, 점심시간이 되면 12:15 편의점 도착 후 진열되어 있는 삼각김밥의 줄 맞추기를 합니다. 조금이라도 흐트러지거나 순서가 맞지 않으면 참을 수 없어 합니다. 예측 불가능하고 무질서하고 세균 투성이인 이 세상에서 정석은 모든 일에 알람을 맞추고 계획대로 사는 '평화로운 삶'을 추구합니다. 그러다가 정석이 짝사랑하는 편의점 그녀와의 사이에 다리를 놓아주려고 자처하는 자유분방하고 즉흥적인 소정이 정석의 인생을 뒤집어 놓게 됩니다. 영화 곳곳에 자리하고 있는 흥미로운 에피소드 가운데 정석의 강박성향을 극복하는 감동적인 과정이 그려집니다.

<플랜맨>은 '강박성향'을 다룬 영화입니다. 의학적으로 '강박장애'와 '강박성 성격장애'는 다릅니다. 강박장애는 스스로의 강박사고가 불합리함을 인식하고 있으며 이런 행동을 중화하려는 강박행동으로 인해 불편함을 느낍니다. 그러나 이런 행동을 멈출 수 없어서 괴로워합니다. 영화에서 편의점 종업원으로 나왔던 정석이 짝사랑했던 여자는 자기가 하는 강박적 행동에 대해서 불편함을 호소하면서 이를 해결하고자 치료를 받고 있는 중이었습니다. 하도 손을 씻어서 손이 다 갈라져 있었습니다. 그러나 주인공 정석은 자신의 행동이 이상하다거나 불편하다고 느끼지 않습니다. 자신은 부지런하고 깔끔하며 일처리를 완벽하게 하는 사람으로 여기면서 다른 사람과 자신은 다르다며 선을 긋고 지냅니다. 이렇게 자신을 합리화하는 것이지요. 그가 불편해 하는 것은 계획이 어긋나거나 계획에 없던 일이 갑자기 생기는 것 뿐입니다. '이건 계획에 없었던 일이에요'를 속으로 반복하며 불안을 억제하기 위해 그만의 방식으로 같은 행동을 반복합니다. 물론 정석도 오염에 대한 강박사고로 인해 타인과의 접촉을 꺼리는데 이러한 오염, 세균 등으로 인해 병에 걸릴지도 모른다는 불안감을 갖는 것은 실제로 강박장애에 가깝습니다. 정석은 강박성 성격장애에 가까운데, 강박성 성격장애는 예를 들어 '사람은 청결을 유지해야 한다'는 생각으로 타인에게 자신의 생각이나 행동을 강요하는 것이지요. 이러한 강박성 성격장애는 어릴 적 부모의 양육태도와도 관련이 있습니다. 어찌보면 정도의 차이일 뿐 강박성향을 가진 사람들이 생각보다 주변에 많은 것을 볼 수 있습니다. 코미디 영화를 한편 감상하시면서 '강박성향'에 대해 한번 생각해 보는 시간이 된다면 좋겠습니다.

인생을 계획대로만 사는 남자,
사랑 때문에 무계획에 도전합니다

주인공 정석은 1분 1초까지 알람에 맞춰 살아왔습니다. 이런 그가 계획에 없던 짝사랑 때문에 생애 최초로 무계획적인 라이프에 도전합니다. 평소 단 1초의 오차도 용납하지 않는 철두철미한 시간관념을 가진 그에게 '칼출근'은 너무나 쉬운 일이었습니다. 이런 그가 어려워하며 그래서 도전하는 일들이 있었는데, 이 장면이 참 재미있었습니다. 예를 들어, 강박을 극복하고 싶다며 일부러 테이블에 있는 물건들을 흐트러뜨리고 바라봅니다. 결국 어지럽혀진 테이블을 보고 괴로워하다가 다시 정리를 합니다. 그리고 주인공이 알람시계 없이 생활하면서 늦잠을 자는 바람에 처음으로 지각을 하던 날, 동료들은 그의 지각을 축하해 줍니다. 그리고 조퇴하겠다고 하니 동료직원들의 환호성과 함께 상관의 칭찬까지 듣게 됩니다. 정말 재미있는 상황이지요? 소정이 정석에게 먼저 키스를 합니다. 첫키스였던 정석은 약간 입술이 닿는 정도였음에도 바로 기절해서 구급차로 실려갑니다. 강박을 극복하는 게 정말 쉽지 않은 것 같습니다. 그리고 강박장애를 앓으며 편의점에서 일하는 소정의 사촌언니가 이런 말을 하기도 합니다. "손 안씻고 버티는 게 이렇게 어려운 줄 몰랐어요."라고 말입니다.

⊗ 나누고 싶은 에피소드, 두울

강박의 이유-정석의 어린 시절의 경험

정석은 아주 머리가 좋은 '기억력 소년'으로 한때 유명했었습니다. 특히, 수 감각이 매우 뛰어나서 어떤 숫자도 척척 기억하고 셈을 해 '천재 소년'으로 불렸었습니다. 이런 그의 능력을 안 엄마가 방송에 나가 정석을 알리고 유학을 보내려 하지만 정석은 엄마와 헤어지는 것이 두려워 방송에서 자신의 능력을 숨깁니다. 이로 인해 엄마는 시청자를 기만했다는 비난을 받았고 충격을 받은 엄마는 그만 발을 헛디뎌 계단에서 떨어져 죽게 됩니다. 이러한 충격적인 사건으로 정석은 이전의 기억을 지우려 자신의 정체를 숨기고 평범한 샐러리맨으로 살고자 합니다. 그의 강박적인 행동양상은 어릴 적 충격으로 인한 결과라고 볼 수 있습니다. 자신의 거짓말 때문에 엄마가 죽었다는 죄책감이 그를 지나치게 엄격하고 통제적으로 만들었다고 볼 수 있습니다. 다만 자신의 죄책감에서 충동적으로 일어나는 사고를 중화시키고자 지나치게 청결을 유지하거나 반복적인 행위를 하는 것은 강박장애에 가까운 것이기도 합니다. 정석의 어머니는 아들의 천재적인 능력을 내세워 아들을 유학 보내고 성공을 시키고자 했는데 이러한 가운데 아이를 매우 통제적이고 엄격하게 양육했을 가능성이 높습니다. 또한 정석의 어머니도 매우 완벽주의적이고 통제적이며 규칙을 중시하는 성격이었을 가능성이 높습니다. 정석이 어릴 때, 어머니가 아들이 좀 더 편안해 하는 방식으로 천재적인 능력을 발휘하게 하고 또 발전시킬 수 있게 도와줬더라면 얼마나 좋았을까 하는 아쉬움이 남기도 했습니다.

🎬 영화로 내마음 읽어내기

만일 정석의 어머니와 같은 성향의 부모로부터 양육을 받는다면 부모의 인정을 받기 위해 아이들은 부모가 원하는 규칙에 따라 순응하는 법을 배워야 합니다. 그렇기에 그 이면에 충족되지 못한 애정욕구로 인한 분노가 숨겨져 있을 수 있습니다. 이를 지나치게 억압하고 통제하려는 경향이 있으며 여러 가지 문제를 파생시키게 됩니다. 주변에 보면 강박성 성격장애가 아니더라도 완벽주의에 빠져 사는 사람들을 볼 수 있는데 이런 행동양상은 자신과 주변사람들에게 과도한 스트레스로 작용할 수 있습니다. '완벽주의'란 모든 일을 실수 없이 완벽하게 처리해야 한다는 생각이나 행동양식을 말하는데, '완벽'은 추구해야 할 가치임에는 분명하지만 인간은 절대 완벽해 질 수 없습니다. 완벽은 신의 경지입니다. 그러므로 완벽을 기대한다는 것은 불가능을 기대하는 것과 같은 의미입니다. 다만 최선을 다하고 완벽해 지고자 노력하는 것이 필요할 것입니다. 이렇게 자신의 한계와 능력을 인정하고 수용하는 단계가 한 단계 성숙하는 과정입니다. 비합리적인 완벽주의에서 벗어남으로써 그만큼 행복해 질 수 있다는 점을 인식할 필요가 있습니다.

강박장애를 가진 사람들은 되풀이되는 사고나 비논리적인 행동 때문에 고통을 받습니다. 이러한 생각과 행동이 시간을 상당히 소모시켜서 직장과 사회적 관계에 지장을 주기도 합니다. 이러한 강박사고에는 여러 가지가 있는데, 예를 들어 세균이나 배설물에 오염되는 것, 전염병이나 독소에 노출되는 것, 불경스러운 생각과 성적으로 나쁜 생각 같은 것들에 소모적으로 되는 것입니다. 다양한 강박사고와 연관된 불편감을 줄이기 위해서 반복적인 행동이나 정신적인 활동을 하는 강박행동으로는 세균으로부터 오염을 예방하는데 도움을 주기 위해 반복적으로 손을 씻는 행동이 있으며, 또 어떤 경우에는 둘 사이에 아무런 논리적인 연관성이 없는 경우도 많이 있습니다. 예를 들어, 매번 횡단보도 신호등 앞에서 이동하기 전에 유명한 광고 노래의 처음 몇 소절을 부르는 강박적인 행동의 욕구를 느끼는 것, 문을 열기 전에 문손잡이를 닦는 것, 길을 걸을 때 보도블럭의 갈라진 틈을 밟지 않고 걷는 것 등이 있습니다. 그러한 행동을 멈추고 싶어도 멈출 수 없고 괴롭기까지 하다면 문제의 강박행동으로도 볼 수 있겠습니다.

영화 <플랜맨>을 보시면서 강박성향이 있다고 생각되시는 분들은 조용히 혼자만의 시간을 가지고 자신의 히스토리를 분석해 보는 것도 의미가 있을 것 같습니다. 그리고 그 정도가 심하다면 반드시 치료를 받으시기를 권해드립니다.

◀ 나에게 있는 강박성향 발견하기

나에게 있는 강박성향이 나를 불편하게 하는가?

치료적 흥얼거리기

어떠한 강박성향을 가지고 있더라도 현재 나의 삶에 큰 불편감을 주지 않는다면 괜찮은 상태입니다.

●●● <플랜맨>(한지민), <개나 줘버려>(한지민 & UV, feat 정재영)

꾸뻬씨의 행복여행 Hector and the Search For Happiness (2014)

피터 첼섬 감독 / 사이먼 페그, 로자먼드 파이크

⊞ 취미란 세상의 아름다움을 취할 수 있는 뇌의 능력이다

평소에 이런 질문을 자주 합니다. "스트레스 관리는 어떻게 하고 계신가요?" 또는 "어떤 취미를 가지고 있나요?" 여기서 '취미'란 세상의 아름다움을 취할 수 있는 뇌의 능력이지, 어떤 활동(activity)이 아니라는 겁니다. 이런 질문을 가지고 영화 속으로 들어가 보겠습니다. 매일 같이 불행하다고 외치는 사람들을 만나는 런던의 정신과 의사 헥터, 과연 진정한 행복이란 무엇일까 궁금해진 그는 모든 걸 제쳐두고 훌쩍 행복을 찾기 위한 여행을 떠납니다. 여행에서 여러 사람들을 만나면서 '행복'에 대해서 묻고 '행복'에 대해 스스로 깊이 있게 탐색하는 기회를 갖습니다. 돈이 행복의 조건이라고 생각하는 상하이의 은행가, 전쟁과 갈등 상황 가운데 있는 아프리카의 마약 밀매상, 그리고 가슴 속에 간직해 둔 LA의 첫사랑까지, 헥터는 여행지에서 만난 수많은 인연들을 통해 조금씩 행복 리스트를 완성해 나갑니다. 만약 여러분이 행복여행을 떠나게 되신다면 어떤 방식으로 행복 리스트를 만들어 나가실지 생각해 보아도 좋을 듯 합니다. 영화의 원작은 2013년 베스트셀러 소설 1위였다고 하는데요. 실제 정신과 의사인 프랑수아 를로르가 환자들을 진료하며 얻은 경험과 생각들을 바탕으로 쓴 자전적 소설로 행복의 진정한 의미를 찾고 싶은 현대인들에게 엄청난 인기를 누렸으며 지속적으로 회자되며 사랑받고 있습니다.

주인공 헥터는 여행지에서 만난 많은 이들에게 이렇게 묻습니다. 어찌보면 조금 뜬금없기도 했는데요. "당신은 행복합니까?" 실제로 상담현장에서 제가 자주 묻는 질문이기도 합니다. 잠시 나는 지금 행복한지 한번 생각해 보는 시간을 가져보아도 좋을 것 같습니다. 그리고 행복을 실제로 경험하고 싶은 분들과 '자신만의 행복 실천법'을 이 영화를 통해 발견하고자 하시는 분들에게 권하고 싶습니다.

■ 나누고 싶은 에피소드, 하나

자신만의 행복의 정의를 내려 본다면?

첫째로 "이거 하나만 알면 되요, 상대가 날 끌어올려 줄 사람인가? 끌어내릴 사람인가?" 원작에는 '사랑은 귀 기울여 주는 것(Listening is loving)'이라는 표현이 나옵니다. 이것은 누군가를 행복하게 만들어 줄 수 있는 준비 운동 같은 것이라 생각되는데요. 일단 이러한 마음으로 다른 이들과 소통을 하면 좋지 않을까 생각합니다. 그리고 상대가 날 끌어올려 줄 사람인가 하고 생각해 보는 시간을 가져보시면 좋을 것 같습니다. 그런 이들이 곁에 있다면 정말 행복하지 않을까요? 실제로 심리치료 현장에서는 상대가 이러한 역할을 해주기 바라는 이들이 많습니다. 정작 본인은 그런 역할을 잘 감당하지 못하면서 말입니다. 가까이 있는 이들이 서로 이러한 관계가 된다면 행복에 한걸음 다가가게 되지 않을까 생각됩니다.

둘째로 행복 자체를 잡으려 하면 행복은 달아난다고 합니다. 반대로 다른 일에 몰두할 때, 말하자면 집중하고 몰입하고 교감하고 영감을 받을 때, 혹은 춤을 출 때 우리는 행복을 경험하게 됩니다. 일종의 부수적인 효과로 말입니다. 우리는 행복의 추구보다는 무엇인가 추구할 때 얻어지는 행복에 더 관심을 기울여야 합니다. 예를 들어, 독서를 하는 자체가 목적이 될 때 독서가 즐거움을 줄 수 있습니다. 만약에 '독서를 많이 하면 공부를 잘한다더라' 하는 이유를 가지고, 독서를 수단화 하면 그때부터 독서가 주는 행복감은 더 이상 누릴 수 없게 되겠지요. 삶 가운데 많은 활동들이 그렇지 않을까 생각합니다. 어떤 활동이나 노력들 그 자체가 목적이 될 때 행복에 훨씬 가까이 가게 되는 것 같습니다.

셋째로 남과 비교하면 당신의 행복을 망치게 됩니다. 상대적 빈곤감으로 인해 상처받았던 경험들이 있으신가요? 아마 정도의 차이가 있을 뿐 많이들 경험해 보셨으리라 생각합니다. 생각보다 많은 이들이 다른 사람과의 비교로 자신의 삶을 병들게 하는 경우가 많습니다. 제가 좋은 아이디어 하나 드리겠습니다. 과거의 자신과 현재의 자신, 미래의 자신과 비교하는 삶, 이러한 삶이 상처 없이 성장하는 삶이 아닐까 생각됩니다.

넷째로 행복은 소명에 응답하는 것입니다. 삶의 의미를 찾을 수만 있다면 우리는 더 이상 행복에 대해 이야기할 필요가 없을지도 모릅니다. 소명을 마음에 담고 삶의 의미를 찾아가는 과정이 곧 행복을 경험하는 과정이 아닐까 생각됩니다. 의미치료를 만든 빅터 프랭클은 이런 말을 했습니다. "왜(Why) 사는지를 아는 사람은 어떤(How) 상황도 견뎌낼 수 있다." 결국 삶의 의미를 끊임없이 발견해 내는 사람이 건강하게 생존할 수 있다는 말인데요. 이렇게 하기 위해서는 자신의 삶을 '거리두기'하면서 바라보는 것이 매우 중요합니다.

🎬 나누고 싶은 에피소드, 두울

행복을 평범한 시선으로 바라보기

상담이나 치료현장에서 가장 큰 이슈가 되는 '행복'을 '평범한 시선'으로 바라보았다는 점에서 친숙하게 접근할 수 있는 영화입니다. 영화 속 내용을 보면 '정신과 의사가 맞을까?' 하는 생각이 들 정도로 주인공 헥터는 누구나 겪을 법한 상황들을 매우 평범하게 맞이하고 그속에서 행복을 정의해 나갑니다. 또한 영화 속에서 발견되는 행복의 진리 역시 그다지 놀라운 발견은 아니었습니다. 오히려 누구나 아는 것들을 행복과 연관지어 에피소드를 하나씩 쌓아나갑니다. 영화 속 주인공이 한 것처럼 '나만의 행복 찾기' 방법을 생각해 보고, 실천해 보면 좋을 것 같습니다. 예를 들어, 많은 것을 가졌음에도 자신보다 더 많은 것을 가진 이를 시기하는 이를 통해 '행복은 다른 이와 비교를 하지 않는 것'이라는 결론을 내리며 수첩에 글을 쓰고, 연관된 그림을 그리면서 '나만의 것'으로 만드는 작업을 하는 등의 이러한 일상의 습관들이 어쩌면 행복을 찾아가는 진짜 방법이 아닐까 생각됩니다.

🎬 영화로 내마음 읽어내기

심리치료사의 경우, 지속적으로 내담자를 만나는 작업으로 인해 생각보다 쉽게 '소진'을 경험하게 됩니다. 주인공 헥터는 소진에 대한 해결책으로 여행을 선택하는데 이것은 정말 현명한 선택이었습니다. 저도 개인적으로 '재충전에는 여행이 답이다'라고 생각하고 있는데 여행이라는 것이 반드시 많은 비용을 들여서 먼 곳으로 가는 것을 의미하는 것만은 아닙니다. '뇌를 즐겁게 놀리는 작업'을 하는 것, 동시에 '불안해 하지 않고 노는 것', 이러한 것이 바로 '행복한 여행'이 아닐까 생각합니다.

주인공이 행복의 비밀을 찾으러 간 여행에서 찾게 된 20여 개의 메시지가 있습니다. 영화에서는 각각의 장면과 연결지어서 나옵니다. 아직 이 영화를 안보신 분들이 있다면 꼭 보셨으면 좋겠습니다. 저는 영화를 보다가 중간에 자막으로 행복에 대한 메시지가 나오면 잠시 멈추고 그 의미를 생각하면서 보았습니다. 그러다 보니 실제로 제가 행복여행을 함께 떠난 기분이 들어서 참 좋았습니다. 영화의 주요 메시지는 바로 '행복이란 멀리 있는 것이 아니고, 이미 지금도 충분히 행복하다는 것'을 깨닫는 것입니다. 일상의 행위들 그 자체가 '목적'인 삶이 행복이고, 행복의 비밀은 결국 '사랑하는 이들과 일상을 공유하고 일상의 소소한 기쁨들을 누리는 것'이라는 것입니다. 예를 들어, 헥터가 중국 여행 중에 산속 사원에 머무를 때 바람이 많이 부는 날이었습니다. 수도승이 헥터에게 밖으로 나와보라고 합니다. 색색의 리본들이 바람에 날리는 장면 속에서 움직임을 표현하고 웃고 있는 수도승들의 모습들을 보면서 저는 이렇게 밖으로 나와 움직이는 활동들이 바로 행복을 부르는 모습이 아닐까 생각해 보았습니다. '행동활성화 치료'라는 것이 있는데요. 몸을 즐겁게 움직이면, 자연스럽게 뇌내 호르몬이 분비되고 행복감이 더해진다고 합니다. 물론 과학적 근거가 있는 말입니다.

꾸뻬씨의 행복 명언

1. 행복은 자신을 다른 사람과 비교하지 않는 것이다.
2. 행복은 때때로 뜻밖에 찾아온다.
3. 많은 사람들은 자신의 행복이 오직 미래에만 있다고 생각한다.
4. 많은 사람들은 더 큰 부자가 되고 더 중요한 사람이 되는 것이 행복이라고 생각한다.
5. 행복은 산속을 걷는 것이다,
6. 행복을 목표로 여기는 것은 잘못된 생각이다.
7. 행복은 좋아하는 사람과 함께 있는 것이다.

8. 불행은 사랑하는 사람과 헤어지는 것이다.

9. 행복은 자기 가족에게 아무것도 부족한 것이 없음을 아는 것이다.

10. 행복은 자신이 좋아하는 일을 하는 것이다.

11. 행복은 집과 채소밭을 갖는 것이다.

12. 좋지 않은 사람에 의해 통치되는 나라에서는 행복한 삶을 살기가 더욱 어렵다.

13. 행복은 자신이 다른 사람들에게 쓸모가 있다고 느끼는 것이다.

14. 행복이란 있는 그대로의 모습으로 사랑받는 것이다.

15. 행복은 살아있음을 느끼는 것이다.

16. 행복은 살아있음을 축하하는 파티를 여는 것이다.

17. 행복은 자기가 사랑하는 사람의 행복을 생각하는 것이다.

18. 태양과 바다, 이것은 모든 사람들에게 행복을 가져다 준다.

19. 행복은 다른 사람의 의견을 너무 중요하게 생각하지 않는 것이다.

20. 행복은 사물을 바라보는 방식에 달려있다.

21. 행복의 가장 큰 적은 경쟁심이다.

22. 여성은 남성보다 다른 사람의 행복에 대해 더 배려할 줄 안다.

23. 행복은 다른 사람의 행복에 관심을 갖는 것이다.

－『꾸뻬씨의 행복여행』중에서 －

🔊 *나의 행복 리스트*

행복을 찾아 떠나는 여행을 계획해 봅시다.

....

....

....

....

....

....

....

....

....

▦ *치료적 흥얼거리기*

내가 생각하는 '행복'은 다른 이들이 보기에는 조금 다른 것일 수도 있습니다. 그래도 상관없습니다. 내가 느끼고 경험하는 것이 중요하겠지요.

●●● <내가 말했잖아>(요조), <Bow Wow>(아이돌)

인디안 썸머 Indiansummer
(2001)

노효정 감독 / 박신양, 이미연

🎬 변호사와 사형수, 그들이 사랑한 마지막 여름

"어떤 사람에게는 살아있는 것 자체가 고통이예요. 살아있는 동안에는 기억해야 하니까, 날 돕겠다고 했죠? 그럼 그냥 내버려둬요." <인디안 썸머>를 보면서 가슴 아팠던 장면이었습니다. 피고인 이신영은 남편을 살해한 혐의로 사형 선고를 받지만 마치 죽음을 기다리듯 담담합니다. 변호사 서준하는 이신영의 항소심 국선변호를 맡게 되는데 항소심 첫 재판 날, 갑자기 재판을 거부하는 신영을 이상하게 여긴 준하는 그녀의 모든 사건 기록을 뒤지기 시작합니다. 자신을 위해 애쓰는 그의 모습을 보며 모든 걸 포기하고 죽음만을 기다리던 신영은 희망을 보기 시작하고, 준하의 노력으로 항소심은 무죄 판결이 납니다. 두 사람은 처음으로 변호사와 피고인이 아닌 남자와 여자로 만나게 됩니다. 폭력 남편을 둔 여성들을 볼 때면 결혼에 부정적인 생각이 드는 것이 사실입니다. '결혼 전에는 왜 폭력을 쓰는 것을 몰랐을까? 어떤 이유로 초기에 이런 폭력에 적극적으로 대처하지 못했을까?' 하는 생각이 들면서 답답하기도 합니다. 그러나 문제는 이들의 대부분이 폭력 가정에서 자라 폭력이 대물림되는 경우가 많고, 폭력에 지속적으로 노출되어 무기력해지면서 최소한의 방어력도 없어지는 경우가 많다는 것입니다. 영화는 폭력을 당한 사람의 전형적인 특성인 '학습된 무기력감'을 비롯하여 심경의 변화를 잘 그려내고 있습니다.

영화를 보는 내내 '인디안 썸머'에 대해 생각해 보았습니다. '인디안 썸머'는 주로 10월이나 11월, 가을색이 완연해진 후에 갑자기 여름처럼 날씨가 더워지는 현상을 말합니다. 그 이름은 인디언들이 이렇게 대개 가을 속에 찾아오는 따뜻한 날씨 속에서 겨울을 나게 될 양식을 이럴 때 준비한다고 해서 생긴 것으로 알려져 있습니다. 영화 속에서 '인디안 썸머'의 시기는 이때가 아니었나 생각됩니다. 재판이 상고까지 가면서 신영에게 다시 사형 선고의 위기가 다가왔을 때, 준하는 위조여권을 신영에게 만들어주며 이렇게 말합니다. "어디 가서든 살아만 있어줘요." 정말 애절한 장면이었지요. 죽음 직전에 잠시 따뜻한 사랑을 맛보았던 시기라는 생각이 들었습니다.

📹 나누고 싶은 에피소드, 하나

학습된 무기력감

상담현장에서 만나게 되는 폭력을 당하고 있는 내담자들의 특징 가운데 하나가 배우자와 헤어질 엄두를 내지 못하고 있다는 것입니다.

내담자에게 헤어지라고 권유하는 것이 이상하게 보일 수도 있겠지만 폭력의 경우는 여러 가지 동반질환이 있는 경우가 많아서 관계를 지속하는데 있어 많은 어려움이 있습니다. 이런 경우 이혼을 준비하게 하거나 즉시 분리할 것을 권유하기도 합니다. 그러나 대부분의 경우 '학습된 무기력감'으로 인해 분리나 독립에 어려움을 겪습니다. 폭력 가해자와 분리하는 것에도 용기와 결단이 필요하고 독립된 개체로 살아가야 한다는 것이 그녀들에게는 쉽지 않은 선택일 것입니다. 영화 속 신영의 집은 서재를 제외한 모든 문의 문고리의 방향이 반대로 되어 있었습니다. 남편이 신영을 방에 가둬두고 밖에서 문을 쉽게 잠글 수 있도록 말입니다. 그래서 신영은 극도의 공포 상황에 노출되다가 결국 폐쇄공포증에 걸리고 말았습니다. 생각만해도 끔찍한 일이었습니다. 그리고 집 전화도 발신정지로 수신만 가능하게 해두어 기본요금만 내고 있었습니다. 그런 식으로 신영은 주변에 도움을 청할 수도 없었습니다. 이러한 폭력적인 상황에 대응하다가 결국 신영은 남편을 죽인 혐의로 사형 선고를 받습니다. 그러나 그녀의 표정에서는 어떤 고통이나 슬픔도 느껴지지 않습니다. 죽음조차도 그녀에게는 아무런 의미가 없는 것처럼 보입니다. 폭력에 길들여져 있어서 그런지 살려는 의지도 없어보입니다.

실제로 남편의 심한 폭력에 시달리다가 반대로 남편을 죽이는 가해자가 되는 여성들이 종종 있습니다. 영화에서처럼 살인을 계획했다기보다는 폭력을 당하다가 자신도 모르게 남편이 휘두르는 흉기를 피하다가 의도치 않게 죽이는 경우가 많다고 합니다. 그리고 평소에 심한 폭력에 시달리다보면 일시적인 정신착란을 일으켜 남편을 다른 존재로 착각하고 자신을 방어하기 위해 죽이는 경우도 있다고 합니다. 그러나 불행하게도 우리나라에서는 이들의 정당방위를 인정하지 않는 경우가 대부분이라고 합니다. 실제로 '여자 교도소'의 경우 방문해 보면 빨간 색의 수형번호를 지닌 여자 수형자들이 많이 있습니다. 대부분이 오랫동안 가정 폭력에 노출되어 있다가 남편을 살해한 경우라고 합니다. 제가 만났던 어떤 연세가 많이 드신 수형자는 "오히려 감옥이 마음 편하다."는 이야기를 하기도 했습니다. 그만큼 심각한 가정 폭력에 노출되어 평생을 살아온 안타까운 과거를 가지고 있는 것이겠지요.

⊗ 나누고 싶은 에피소드, 두울

데이트 폭력

상담현장에서 가정 폭력 피해자들을 만나다 보면 대부분이 결혼 전에 배우자에게서 폭력적인 성향을 발견할 기회들이 있었는데 그냥 무심히 지나친 경험들이 있었습니다. 실제로 제가 상담현장에서 만났던 부부의 경우는 청소년기 자녀의 일탈행동으로 자녀가 상담을 받는 과정에서 부모를 만났던 경우였는데 결혼 전에 남편이 아내에게 결혼해 주지 않으면 자신도 죽고, 주변 가족들도 다 죽여버리겠다고 협박을 했었다고 합니다. 실제로 칼로 자해를 하는 모습을 보여주고, 결국은 어쩔 수 없이 결혼을 했다고 하는데 개인적으로는 정말 안타까운 사례였습니다. 대부분 데이트를 하는 과정에서 폭력성이 드러나는 경우가 많습니다. 그러니까 연애 중이신 분들은 아주 사소한 부분이라도 쉽게 넘기지 말고 특히 음주 후의 행동들에 대해 주의 깊은 관찰이 필요하다는 것을 잊지 않으셨으면 좋겠습니다. 요즘 유행어 가운데 '안전이별'이라는 것이 있는데 요즘은 생각처럼 '이별'이라는 극도의 스트레스 상황을 잘 감당해 내는 사람들이 많지 않은 것 같습니다. 평소 타인의 거절에 민감한 반응을 보이거나, 감정조절에 어려움이 있는 경우는 아마도 안전이별에 매우 취약하지 않을까 염려됩니다.

📽️ 영화로 내 마음 읽어내기

가정 폭력의 경우 초기 대처가 매우 중요합니다. 초반의 아주 작은 폭력이라도 사소하게 넘기지 말고 또 아이들이 보는 것이 두려워 그냥 무마하는 식으로 넘어가면 점점 더 강도가 심해지기 때문에 어려움을 겪는 경우가 많이 있습니다. 폭력 상황이 이뤄지면 즉시 주변의 도움을 받도록 하고, 특히 이웃의 폭력사태를 방관하는 자세는 더 큰 폭력을 낳는다는 것을 잊지 마시고 주변에 관심을 가져야 하겠습니다. 상담 현장에서는 폭력이 지속되어질 때 분리하는 것을 우선으로 하고 있으며 쉼터 등으로 피신하도록 지원하고 있습니다. 안전과 생존을 위협하는 것과는 타협할 이유가 없는 것입니다. 영화 속에서 신영이 막상 집을 나왔을 때 자신은 '아무데도 갈 데가 없는 그렇게 길들여져 있는 사람'이라고 말하는 것을 보며, 다시 한번 학습된 무기력감의 문제를 실감하기도 했습니다.

<인디안 썸머>와 같은 영화는 10여 년이 지난 오래된 영화라 현

재는 가정 내에서 여성들의 지위가 상대적으로 상승하다 보니 아주 오래전 이야기처럼 다뤄지는 경향이 있습니다. 실제로 최근에는 매 맞는 남성들이 증가하고 있으며 예전과는 비교할 수 없을 정도로 여성의 지위는 향상된 듯 보입니다. 그러나 중요한 사실은 아직도 매 맞고 사는 여성들이 많고 가정 폭력에 무방비로 노출되어 있으며 사회는 아직도 방관하고 있다는 것입니다. 이처럼 너무나 변해 버린 사회의 분위기가 오히려 피해자들에게는 더 큰 상처가 되고 있는 듯 합니다. 폭력은 대물림됩니다. 자녀들에게 폭력적인 부부의 모습을 보이는 것은 또 다른 자녀에 대한 폭력입니다. '자녀들 때문에 폭력 가운데서도 가정을 유지할 수밖에 없다'는 것은 옳지 않은 생각입니다. 오히려 자녀들을 폭력가정으로부터 분리하는 것이 최선의 방법일 수 있습니다. 또한 폭력에 노출된 사람들을 나라에서 적극적으로 보호하는 제도가 있어야 하겠습니다.

📢 가정 폭력 / 데이트 폭력에 대처하는 나만의 매뉴얼

나에게 있어서 폭력 상황은 있을 수 없다.

■ 치료적 흥얼거리기

'안전이별'이라는 말이 유행할 정도로 아름다운 이별은 쉽지 않습니다. 아름다운 이별에 대해서 깊이 있게 생각해 보는 시간을 가져봅시다.

●●● <Lost without your love>(Jesica), <제발>(이소라)

헝그리 하트 Hungry Hearts
(2016)

사베리오 코스탄조 감독 /
아담 드라이버, 알바 로르와처

🎞 극단적 채식주의자, 안아키 엄마

　　첫 장면의 배경은 뉴욕의 차이나 레스토랑의 두 사람이 겨우 들어
가는 좁은 화장실이었습니다. 이곳에 꼼짝없이 함께 갇혀버린 미국 남
자 주드와 이탈리아 여자 미나는 강렬한 첫 만남 이후 사랑에 빠지게
됩니다. 그 이후 결혼과 임신과정을 함께 겪으며 미나의 독특한 양육법
에 의해 아기의 생명이 위태로워지면서 그들은 갈등의 기로에 서게 됩
니다. 서로 다른 사랑방식으로 자녀를 양육하면서 단 하나뿐인 가족
을 잃을 수 있는 절체절명의 위기에 처하게 됩니다. 의심과 분노로 얼
룩진 둘의 관계는 결국 비극적 결말로 치닫는데, 영화 초반에는 생동감
넘치는 청춘 남녀의 러브 스토리와 결혼 후의 일상이 전개되고 후반부
에는 기이한 분위기가 극단적으로 대비되는 흥미진진한 진행이 인상적
인 영화입니다. 또한 최근 우리나라에서 이슈가 되고 있는 '안아키(약
안쓰고 아이 키우기)'와도 연관지어 생각해 볼 수 있는 그런 영화입니다.

　　초반의 열정적인 두 사람의 사랑 이야기에 비해 후반부는 아이의 생명을 두고 옥신각신하는 젊은 부부의 일상을 광각 렌즈로 기괴하게 비틀어 버리는 장면들이 특이하다고 할 수 있습니다. 특히, 이탈리아의 촉망받는 여배우 알바 로르와처가 기묘한 정신세계에 빠진 미나 역을 맡아 카멜레온 같은 연기를 펼치는 것을 보면 마치 주인공의 실제 모습인 듯한 착각에 빠지게 할 정도였습니다. 베니스영화제 수상작으로 기대하셔도 좋은 영화입니다.

🎥 나누고 싶은 에피소드, 하나

극단적 채식주의자 엄마 - 미나

영화에서 미나는 시종일관 현대의학을 거부합니다. 임신 중 병원에서 검진을 받을 때 초음파 검사가 태아에게 좋지 않을꺼라며 거부하고, 출산 시 양수가 부족해서 제왕절개를 해야 한다는 의사의 설득도 거부하고 버티다가 잠시 정신을 잃었는데, 자신이 모르는 사이 제왕절개를 했다며 깨어나서 원망을 하기도 합니다. 대체의학을 도입하는 의사들을 따르고 평소 자신이 직접 대체의학 등에 대한 내용을 책을 보면서 연구하기도 합니다. 집은 늘 어둡게 하고 절대 소리를 지르지 못하게 하고, 옥상에서 직접 기른 채소로만 식사하며 아이에게 유제품과 고기를 먹이지 않습니다. '동물에게서 나온 모든 것은 독'이라는 신념을 가지고 행동합니다. 주드가 이런 태도에 폭발해 결국 미나는 어쩔 수 없이 아이에게 육식을 허용하지만 욕실에서 남편 모르게 아이에게 특수한 오일을 먹입니다. 이 오일은 고기로부터 나온 성분이 섭취되지 않게 막아버리는 성분을 가지고 있는 것이었습니다. 따라서 아이는 영양실조로 늘 몸이 뜨겁고 성장이 멈춰버렸지만 미나의 생각에 아이의 미열은 그럴 수 있는 일이고, 소아과 의사가 아이의 발달을 체크하는 것을 보며 성장과 관련하여 또래와 비교하는 것을 거부하며 혐오하기까지 합니다. 특히 기억에 남는 장면이 있는데, 주드가 미나 모르게 아이를 데리고 나와서 교회에서 고기로 만든 이유식을 몰래 먹입니다. 이것을 나중에 알게 된 미나가 침대에서 자고 있는 주드에게 "내 아들에게 고기 먹였지?"라고 말하면서 다가오는 장면은 마치 공포영화의 한 장면같이 섬찟하기까지 했습니다.

⊙ 나누고 싶은 에피소드, 두울

그릇된 양육방식 - 비합리적인 신념들

　　미나의 잘못된 대체의학적 지식들은 현대의학과 육식이 자신과 아이를 해치는 존재라고 확정되어 있기 때문에 현대의학에서 문제라고 말하는 것들이 미나에게는 정보로서의 가치를 완전히 상실한 것들이었다고 볼 수 있습니다. 영화 속에서 미나가 왜 그런 '비합리적인 신념'을 가졌을까에 대해 생각해 보았습니다. 그리고 미나가 반복적으로 꾸는 악몽에도 어떤 의미가 있지 않을까 하는 생각이 들었습니다. 악몽 속에서 사냥꾼의 총을 맞고 늘 피흘리고 죽어있는 사슴이 등장하고, 그것이 미나를 의미하는 메타포가 아닐까 하는 생각도 들었습니다. 무의식적으로 외부의 적으로부터 자신을 보호하려는 본능 같은 것이 아마도 그녀의 '비합리적인 신념'에 영향을 미친 것 같았습니다. 인간이 서로 생각이 다른 건 당연한 것입니다. 또 다르다는 것은 두려운 것이 아닙니다. 원래 인간은 불완전한 것이니까요. 다만 다른 사람의 의견에 귀 기울이지 않는 미나같은 사람이 되지 않아야겠다고 다짐하면서 개인적으로 내가 가지고 있는 '비합리적 신념'일 수 있는 것들은 어떤 것이 있을까? 하고 한번 돌아보는 시간을 가져도 좋을 듯 합니다.

영화의 결말이 참으로 비극적이었습니다. 조금 허무하기까지 했습니다. 주드는 미나의 양육방식으로부터 아이를 구하기 위해 아이를 자신의 어머니의 집으로 납치합니다. 그곳에서 아이는 고기를 먹으며 무럭무럭 자랍니다. 하지만 미나는 '독'으로만 보이는 육식을 제공하는 시어머니의 집에서 키우게 할 수 없었고, 결국 공권력을 동원해 아이를 되찾아옵니다. 그리고 이 상황을 참을 수 없었던 시어머니는 총으로 미나를 쏴서 죽이게 됩니다. 미나는 죽고, 주드의 어머니는 감옥에 가고, 주드는 아이를 키울 수 있게 됩니다. 만약 미나가 자신의 철학을 고집하다가 이 영화의 결말이 미나의 죽음이 아니라 아이의 죽음이 되었다면 과연 미나는 자신의 생각을 바꿀 수 있는 계기가 되었을까? 하는 것과 또, 두 번째 아이가 있다면 과연 그 두 번째 아이는 잘 키웠을까? 하고 생각해 보았습니다. 아마도 집을 더 폐쇄적으로 만들고 더 한정된 식품만을 섭취하는 방법으로 극단주의를 택하지 않았을까 예상됩니다. 그리고 미나는 당연히 자신은 아이를 위해서 최선을 다했다고 말할 것입니다. 실제로 미나는 진심으로 아이에게 헌신하고 있었습니다. 그러나 미나가 아이에게 진심으로 제공하는 것들이 아이에게 최선인 것은 아니었고 오히려 위험한 일이었다는 것이 큰 문제인 것입니다.

📽️ 영화로 내마음 읽어내기

영화를 보면서 여러 생각이 들었습니다. 특히, 최근 우리나라에서 이슈가 되어지고 있는 '안아키' 관련 내용을 한번 되짚어보면 좋을 듯합니다. 약 처방과 백신 접종 등 병원치료를 거부하고 자연치유 방법으로 아이를 키운다는 '약 안쓰고 아이 키우기', 일명 '안아키' 육아카페가 매스컴에 여러 차례 등장했었습니다. 회원 수 5만여 명의 이 카페가 최근 아동학대 논란에 휩싸이기도 했습니다. 수두에 걸린 어린이와 함께 놀게 하는 일명 '수두 파티'를 열거나 화상을 입은 아이에게 온찜질을 하는 등 터무니없는 내용의 의료 행위를 조장했다는 것이 그 내용입니다. 최근 카페가 폐쇄조치 되었지만 '안아키'의 피해를 호소하는 사람들과 '안아키'를 옹호하는 사람들 간의 반박이 이어지면서 논란은 수그러들지 않고 있습니다. 물론 이러한 지경에까지 이른 많은 이유들도 있었겠지요. 그러나 수많은 엄마들이 '안아키'에 빠진 이유는 무엇이고, '안아키' 치료에 대한 의학계의 입장은 어떤지 잘 살펴볼 필요가 있다고 생각합니다.

영화 속에서 미나가 가지고 있는 자녀 양육과 관련된 '비합리적인 신념'은 반드시 치료 받아야 할 부분입니다. 단지 그러한 비합리적인 신념의 원인이 무엇인지 보다 빠르게 밝혀내고 해결해야 비극적인 상황에서 보다 빠르게 나올 수 있지 않을까 생각합니다. 상담현장에서는 이러한 부모의 비합리적인 신념으로 인해 신체적, 심리적으로 고통받는 아이들이 정말 많습니다. 이 영화를 통해서 잠시 '자신의 양육태도'에 대해서 돌아보는 시간들이 되었으면 좋겠습니다.

📢 내가 가지고 있는 비합리적 신념에는 어떤 것이 있는가?

나의 비합리적 신념으로 인해 소통의 어려움이 있었던 적이 있었는가?

....

....

....

....

....

🎬 치료적 흥얼거리기

도저히 이해할 수 없는 상황에 놓여있을지라도 적극적으로 수용하고, 소통하고자 노력하는 것이 매우 중요합니다.

●●● <Love never felt so good>(Michal Jackson), <그중에 그대를 만나>(이선희)

애자 Goodbye Mom
(2009)

정기훈 감독 / 최강희, 김영애

🎞 몰랐습니다. 당신과 이렇게 빨리 이별하게 될 줄을

고교 시절 '부산의 톨스토이'로 이름을 날렸던 박애자, 애자는 "비
가 오면 바다가 불러요."라며 학교에 가지 않고, 우울한 밤이면 팩소
주에 빨대를 꽂고 마시면서 담임 선생님에게 전화해서 답답한 마음을
토로하고, 그러면서도 전교 10등 밖으로는 벗어나지 않았던 학생이었
습니다. 공부 못하는 오빠에게는 유학 뒷바라지를 해주면서도 '여자
는 시집만 잘 가면 된다'는 차별적 양육환경 가운데서 자란 애자는 소
설가의 꿈을 안고 서울로 상경합니다. 그러나 오래전 수상경력이 있던
글의 '자기표절'로 유명 문예지 수상에 실패하고 소득 없는 글쓰기, 바
람둥이 남자친구, 산더미 같은 빚만 남은 스물아홉의 청춘으로 하루하
루를 보내게 됩니다. 갑갑한 상황에서도 기죽지 않고 씩씩하게 버텨가
는 걸 보면 그보다 더 기가 센 엄마 밑에서 자란 영향을 받은 듯 합니다.
그러던 어느 날, 강한 모습만 보여 왔던 엄마가 쓰러졌다는 연락이 오
고 병원으로 달려간 그녀에게는 놀라운 소식이 기다리고 있었습니다.

<애자>는 실제로 400쌍의 모녀를 인터뷰해서 만든 에피소드를 바탕으로 영화가 만들어졌다고 합니다. 그만큼 우리들의 삶 언저리에 있는 이야기라 생각합니다. 때로 우리는 가끔 '상상도 하지 못할' 소식을 접하게 되기도 합니다. 그러나 그것은 누구에게나 올 수 있는 그런 사건이고, 어쩌면 가까운 이들과의 이별 소식일지도 모릅니다. 있을 때는 성가시고, 없을 때는 그리운, 영화 속 애자와 엄마와의 모습처럼 우리도 한번쯤 그런 시간들을 준비해야 하지 않을까 생각합니다.

📹 나누고 싶은 에피소드, 하나

엄마와 애자

세상 무서울 것이 없는 청춘 스물아홉 박애자와 결코 만만치 않은 강력한 포스의 수의사 엄마와의 갈등과 화해를 그린 리얼감성 무비입니다. 사사건건 대립하는 두 여자의 현실감 넘치는 입담 대결이 정말 인상적이었습니다. 청춘이 감당하기에는 조금 버거운 이 촌스러운 이름의 애자가 가진 거라고는 깡과 자존심 뿐이었습니다. 현실적인 그 이름만큼이나 오늘을 살아가는 대한민국 청춘들의 모습을 사실적으로 묘사하고 있는 한편, 사면초가의 상황 속에서도 특유의 씩씩함과 강단으로 스스로 인생의 터닝 포인트를 만들어가며 또 다른 희망의 메시지를 전하는 인물입니다. 때론 원수가 되고, 때론 친구가 되는 우리시대 모녀들의 단면을 리얼하게 반영하며 웃음과 정감을 이끌어 냅니다. 실제로 엄마에게 욕먹고, 맞고 끌려나오는 리얼한 장면들이 정말 많았습니다. 그동안 수많은 영화 속에서 사랑스럽고 인자하게만 그려졌던 딸과 엄마의 이미지를 뒤집는 현실 감각 만점의 두 여자 애자와 영희의 이야기입니다.

'엄마와 애자', '엄마와 오빠', '애자와 오빠'의 관계에 대해서 한번 생각해 보았으면 합니다. 남녀차별의 양육환경은 큰 상처가 됩니다. 그리고 어떤 식으로든 치료적 해결이 필요한 부분이기도 합니다. 수의사이면서, 수의사협회 부회장을 할 정도로 사회적 지위가 있는 엄마가 왜 공부 잘하고 그토록 유학을 가고 싶어 하는 애자를 위해서는 그만큼의 지원을 해주지 않았는지 모르겠습니다. 반면 공부도 못하고 약간은 부족해 보이는 오빠는 유학도 보내주고, 땅을 팔아 공장도 운영할 수 있게 해주고, 그래서 애자는 엄마와 오빠에 대한 분노와 적개심이 내면에 있었던 것 같습니다. 물론 예전에 엄마의 운전 실수로 교통사고가 나서 남편을 잃고, 아들에게 씻을 수 없는 장애를 안겨주었기에 오빠만 무조건 챙기게 된 이유가 있기는 했습니다. 그래도 엄마가 투병하는 동안 괴로워하는 모습을 보면서도 다시 사업자금을 해달라고 이야기하는 철없는 아들의 모습이 바로 철없는 우리들의 모습이 아니었나 하는 생각도 들었습니다. 그리고 애자에게는 결혼하라고 늘 닦달하고 소리 지르고, 평소 고향집에 왔을 때 기분 나쁘게 돌아가게 하는 일이 많았고 별로 관계가 좋지 않은 듯 보였습니다. 그렇지만 결국에는 엄마가 잠시도 애자와 떨어져 있는 것을 싫어했었고, 그것을 아는 애자가 엄마의 마지막 순간까지 함께하는 것을 보면서 그 엄마는 가시는 길이 얼마나 후회스럽고 아쉬움이 많았을까 하는 안타까운 마음이 들기도 했습니다.

⊕ *나누고 싶은 에피소드, 두울*

엄마를 그만 보내줘

투병하는 중에 고통이 너무 심해지자 엄마는 그냥 삶을 포기하고 싶어합니다. 원수처럼 지내던 딸이 엄마의 죽음을 직감하고 그 삶을 좀 더 연장하려 할 때, 모녀는 자신의 마음속에 묵혀둔 진심을 일거에 방출합니다. 엄마가 수술을 포기하고 그냥 보내달라고 했을 때, 내가 엄마의 입장이라면 아니면 딸의 입장이라면 하고 한번 생각해 보았습니다. 수술을 해도 괴로운 연명치료 상태로 1년을 더 사는 것이 과연 환자의 입장에서 의미가 있는 것인지, 어찌보면 실제로 자신의 의사표현을 할 수 있을 때 삶의 마무리를 결정하는 것이 환자입장에서 바람직하지 않을까 생각되었습니다. 연명치료일지언정 1년이라도 더 곁에 엄마를 두고 싶어하는 딸의 입장도 이해는 가지만 그래도 결정은 환자가 해야 하는 것이 아닌가 생각됩니다. 우리나라도 현재 '사전연명의료 의향서' 작성이 법적으로 효력이 있으며 시행되고 있습니다. 앞으로는 점점 보편화되어질텐데 이런 부분도 한번 생각해 볼 내용이 아닌가 생각합니다. 무엇보다도 결말부에서 죽음을 묘사하는 형태는 영화에서 가장 인상적인 장면이었던 것 같습니다. 갈등에서 화해로 나아가는 모녀의 감정적 소통 장면들도 의미 있게 볼 부분이라 생각됩니다.

<애자>는 좀처럼 서로의 본심에 접근하지 못했던 모녀의 오랜 갈등 속에 잠재되어 있던 애틋한 속내를 드러내고 이로써 심금을 울리는 영화였습니다. 서로에게 모진 말을 던지며 뒤돌아 서다가도 다시 서로를 향해 뒤돌아보게 되는 가족의 진심을 비춥니다. 고통을 맞이하는 이에 대한 안타까움만큼이나 이를 지켜보는 이가 뒤돌아 흘리는 눈물의 심정이 마음을 울리는 영화였습니다. 이별이란 슬픈 것입니다. 알고 하는 이별도, 모르고 하는 이별도, 준비된 이별도, 준비되지 않은 이별도, 모두 그런 것 같습니다. 그러나 우리는 항상 이별을 준비하고 또 그렇게 해야 하는 게 삶인 것 같습니다. 대부분의 사람들은 죽음 앞에 다다를 때 '정을 뗀다'는 의미로 본심과는 다른 행동들을 하기도 합니다. 하지만 '아름다운 이별'의 의미에 대해 생각해 보고 마음이 원하는 것을 이야기하고 그런 것을 진심을 다해 나눈다면 좋겠습니다.

누군가의 자식이자 누군가의 부모가 될 모두에게 '엄마'라는 이름은 쉽게 눈시울을 붉히게 만듭니다. 마음에 없는 말을 던지고 뒤돌아 후회하는 건 대부분의 부모와 자식 사이를 채우는 버릇과 같은 것 같습니다. 가족을 위해서 헌신하면서도 정작 당신은 제대로 돌보지 않는 한국적 모성을 공유하고 있을 이 땅의 대부분의 엄마들의 그런 현실적 감정들이 영화 속에 담겨져 있습니다. 영화 <애자>를 통해서 잠시 우리의 가족을 돌아본다면 좋겠습니다.

📣 가족이라 더 말 못하고, 더 서운한 그런 것이 있습니다

가족에게 하지 못했던 이야기들을 해봅시다.

....

....

....

....

....

....

....

....

🎞 치료적 흥얼거리기

사랑하는 가족이 시한부 선고를 받았다면 우리는 무엇을, 어떻게 해줄 수 있을까요?

●●● <엄마가 딸에게>(양희은, feat 김규리), <이름다운 이별>(서인국)

프로포즈 The Proposal
(2009)

앤 플레쳐 감독 / 산드라 블록, 라이언 레이놀즈

▦ 전 세계를 뒤집어 버린 협박보다 무서운 청혼

'나만 믿어, 금방 이혼해 줄게'라는 포스터의 문구와 함께, 미녀상
사로부터 결혼을 명령받는 것으로 영화는 시작됩니다. 성공가도를 달
리는 뉴욕의 출판사 편집장인 마가렛과 그녀가 가혹하게 부려 먹어온
부하직원인 앤드류가 이 수상한 프로포즈의 주인공입니다. 마가렛이
모국인 캐나다로 추방당할 위기에 처하자 앤드류에게 자신과 결혼해
줄 것을 명령하고, 앤드류 또한 승진이라는 짜릿한 대가에 혹한 나머
지 마녀같은 상사의 약혼자 행세를 하면서 재미있게 이야기를 이끌어
갑니다. 전미 박스 오피스 1위, 재미있는 걸로 순위를 매긴다면 정말 최
고의 작품이 아닐까 생각됩니다. 안무가이자 댄서 출신인 앤 플레쳐 감
독의 에너지가 넘치는 감성이 살아있는 영화였습니다. 그리고 평론가
들은 두 주인공을 가리켜 '로맨틱 코미디의 여왕과 차세대 로맨틱 가이
의 환상적 만남'이라 했습니다. 개인적으로는 영화를 보는 내내 정말
시간가는 줄 몰랐던 영화였습니다.

'프로포즈'라고 하면 일반적으로 남자가 여자에게 무릎을 꿇고 반지를 건네는 평범한 장면을 떠올리게 됩니다. 하지만 영화 포스터를 보면 마가렛이 앤드류를 벽에 밀어붙이고는 회심의 미소를 지으며 반지를 내밀고 있으며, 반면 앤드류는 거의 울상인 채로 난감해 하는 표정으로 두 손을 바지 뒤춤에 숨긴 채 절대로 반지를 받지 않을 태세로 서 있습니다. 정말 재미있는 설정이었습니다. 따뜻한 계절이 오면 주변사람들로부터 많이 받으시는 게 있지요? 바로 '청첩장'입니다. 아직 프로포즈를 경험하지 못하신 분들이 계신다면 영화와 함께 '진정한 프로포즈의 의미'에 대해 생각해 보면 좋을 것 같습니다.

■ 나누고 싶은 에피소드, 하나

프로포즈의 환상

결혼에 대한 기대감이 있는 분들은 누구나 한번쯤 '자신이 주인공이 된 프로포즈 장면'을 떠올려 보셨을 것입니다. 여자들은 프로포즈를 받을 즈음에 이런 생각을 하게 됩니다. '나의 단점을 속속들이 알면서도 끝내 나를 지켜줄 남자', 반면 남자는 '직업적으로 유능하면서도 내 품 안에서만큼은 온순한 여자'를 좋아한다고 합니다. 프로포즈를 경험할 즈음이면 남녀가 서로 환상의 극치를 달리게 되는 것 같습니다. 물론 영화에서는 그렇게 낭만적인 프로포즈가 그려지지는 않았지만 회사와 주변사람들에게 조금씩 자신들의 관계를 알리는 과정은 참 흥미로웠습니다. 마가렛은 자신의 잘못을 시인하거나 사과하지 않는 타입으로 '세상 사람들 모두가 자신을 좋아해줘야 한다는 생각' 따위는 하지 않습니다. 자신이 맡은 일만 잘해내면 그뿐이라 생각합니다. 이런 캐릭터의 인물이 직장에서 직속상관이라면 정말 괴로운 일이겠지요. 게다가 결혼까지 해야하는 상황이라면 아주 많이 괴로울 것 같습니다. 그리고 이런 장면도 있었습니다. 하이힐을 신은 마가렛을 잘 살펴보면 그녀의 걸음걸이가 약간 불안함을 느낄 수 있을 것입니다. 이것은 아마도 누군가 부축해 줄 사람이 필요하다는 심리적인 신호가 아닐까 생각됩니다.

🎞 나누고 싶은 에피소드, 두울

프로포즈와 결혼, 그리고 가족의 의미

마가렛이 앤드류의 고향에서 가족들을 만나고는 이런 말을 합니다. "그동안 가족이 있다는 게 어떤 기분인지 잊고 있었어." 늘 혼자인게 익숙한 마가렛에게 가족과 이웃의 정은 경직된 마가렛의 자세를 풀어주고 결핍을 위로하는 계기가 되었습니다. 프로포즈, 결혼, 이런 의미에는 가족의 비중이 큽니다. 우리가 가족 안에서 어떻게 지지해 주고 축복해 줄 것인가를 생각해 보는 것도 정말 중요할 것입니다.

📽️ 영화로 내 마음 읽어내기

　　화창한 봄날이 되면 주변은 모두 연인들인 것만 같고, 나에게는 청첩장만 전해져 오고, 그래서 우울해 지려고 한다면 잠시 모든 것을 뒤로 한 채 영화에 집중해 보시기 바랍니다. 영화 <프로포즈>는 시간가는 줄 모르게 즐거움을 줄 것입니다. 그리고 '프로포즈'에 대해 한번쯤 진지하게 생각해 본 분이라면 마음속으로 원하는 프로포즈에 대해 가끔 떠올려 보시는 것도 좋을 것 같습니다. 어쩌면 영화처럼 그렇게 갑작스럽게 프로포즈를 경험하게 될지도 모르니까 말입니다.

📢 나는 어떤 프로포즈를 계획하고 있는가?

프로포즈를 할 것인가? 받을 것인가?

....

....

🎞️ 치료적 흥얼거리기

'프로포즈'에 대한 상상을 하면서 즐거운 시간을 가져보시면 좋을 것 같습니다.

　　●●● <바보>(커피소년), <You're my girl>(김조한)

더 디너 The Dinner
(2015)

이바노 데 마테오 감독 /
루이지 로 카시오, 알레산드로 가스만

📽 어느 날 닥쳐온 비극, 우리 아이들을 위한 선택은?

한 달에 한 번 레스토랑에서 저녁식사 모임을 갖는 형제 부부가 있습니다. 이상적인 삶을 추구하는 의사 동생과 물질적인 면을 중요시하는 변호사 형의 이야기입니다. 이들의 삶과 신념은 전혀 다릅니다. 그러던 어느 날, 이들의 평온한 저녁식사에 비극이 닥쳐옵니다. 자신들의 아이들이 벌인 범죄를 두고 마주한 두 형제는 도덕적 선택의 기로에서 갈등합니다. 우리의 가족, 아이들을 위해 당신이라면 어떤 선택을 내릴 수 있을까요? 우리의 삶 가운데 일어나는 수많은 사건들을 되짚어보았으면 합니다. TV에서나 볼 수 있는 어떤 사건이 실제로 나의 일이 되었을 때, 우리는 어떻게 반응을 보일지 한번 상상해 보았으면 합니다. 다른 사람의 일이었을 때와 나에게 일어난 일이었을 때, 또 내 자녀에게 일어난 일이었을 때, 각각 다르게 반응하는 인간의 모습에 대해서 깊이 있게 생각해 보는 시간이 되었으면 좋겠습니다.

■ 나누고 싶은 에피소드, 하나

지나치게 폭력적인 첫 장면의 의미

왜, 처음 장면에서 심각하게 운전자끼리 시비가 붙는 내용이 나왔을까요? 영화의 전반적인 흐름과 무슨 관련이 있을지 생각해 보았습니다. 지나치게 폭력적인 첫 장면은 이렇습니다. 사소한 시비가 붙은 두 운전자가 서로 경주하듯 달리는 장면이 나오지요. 실수를 하고 사과하지 않는 운전자를 끝까지 쫓아가서 차를 세우고 야구 방망이로 유리창을 부수고, 그러다가 위협을 느낀 상대 운전자의 총에 맞아 숨집니다. 오발된 총알은 동승하고 있던 아이에게도 향하고, 아이는 심각한 장애를 겪게 됩니다. 총을 쏜 운전자는 유능한 변호사를 써서 정당방위로 나오게 되고 남은 희생자 가족들은 어려움을 겪습니다. 그리고 첫 장면과는 별로 연관이 없는 듯한 내용으로 스토리가 이어집니다. 매달 한번씩 형제 부부는 근사한 식당에서 식사 모임을 갖습니다. 사실 식사 약속은 형이 원하는 거라 동생 부부는 별로 내키지 않았지만 그냥 참여하는 것이었습니다. 약속한 날짜가 다가올수록 별로 내켜하지 않는 동생 부부의 대화내용은 이렇습니다. "솔직히 이런 약속 웃긴거 알아?" "형한테는 중요한 일이야." "당신은 아니잖아." "그런척 해야지. 내 돈 드는 것도 아닌데." "당신 형은 편집증 환자 같아. 소름끼친다구." 이렇듯 생각이 엇갈리는 형제, 위선과 비꼬는 대화의 식탁, 우리가 살아가는 삶의 현장들은 결코 평온하지 않지만 우리는 그런 척하며 대화하고 아닌 척하고 살아가고 있다는 생각이 들었습니다.

⊗ 나누고 싶은 에피소드, 두울

폭력적인 아이들

'넥스트 스탑'이라는 영상을 미켈레와 베니는 자주 봅니다. 이 영상은 두 파이터가 죽을 때까지 싸우는 인터넷 영상입니다. 사촌 간에 친밀하게 지내면서 자주 만나는데 만날 때마다 함께 식사하면서 이 영상을 재밌게 보곤 했는데, 이러한 부분이 좀 염려스러웠습니다. 지식인이라는 아빠(의사)가 이런 영상을 보고 있는 아이들에게 "재밌겠네, 숙제는 다하고 노니?" 라고만 이야기하는 걸 보면서 좀 당황스러웠습니다. 그리고 미켈레는 평소 학교에서 체육시간에도 참여하지 않고 휴대폰만 보는 아이였으며 전혀 수업에 참여하지 않았습니다. 이러한 문제들로 미켈레 엄마는 학교의 호출을 받았고, 담임 선생님과 면담을 하기도 했습니다. 그러나 자기 아들의 심각성을 받아들일 준비가 되어있지 않았고, 아쉽게도 선생님들도 적극적으로 중재하지 않아서 그대로 미켈레는 방치되게 되었습니다. 이렇듯 사람을 죽이는 컴퓨터 게임을 즐기는 내담자들은 임상장면에서 흔히 볼 수 있습니다. 정말 심각한데도 불구하고 실제로 부모들은 그 심각성을 잘 모른다는 것이 문제입니다.

'범죄 24시'라는 프로는 CCTV에 촬영된 범죄장면을 보여주고 공개수배를 하는 것인데, 이 TV 프로그램을 즐겨보는 미켈레 엄마는 어느 날 두 명의 청소년이 노숙자를 심하게 때려서 쓰러뜨리는 범죄영상을 보게 됩니다. 본능적으로 CCTV 속의 범인이 아들 미켈레와 조카 베니임을 알았습니다. 그러나 그녀는 남편에게 말하지 않았고, 오히려 사실을 알게 된 남편에게 "자동차랑 흰옷이랑 검은 그림자 밖에 안보였어." 하고 진실을 부인하고 싶어했습니다. 아이들이 자백했고, 너무나 명확한 범죄사실임을 알게 되었음에도 미켈레 엄마는 이렇게 말합니다. "미켈레 잘못이 아니야. 베니가 파티에 데려갔으니 베니 잘못이야. 베니는 싹수가 보이더라니, 여자애가 돼서." "미켈레는 베니가 시켜서 한걸 거야. 술 때문에 사람을 때렸겠지." 자기 자식에게는 한없이 관대하고 아마도 남의 탓을 하는 것이 그 순간에는 가장 쉬운 해결책처럼 보일수도 있었겠지요. 그리고 베니는 아버지에게 "노숙자 때문에 내 인생을 망칠 수 없어."라고 말했는데 이는 도덕성이 결여된 청소년의 전형적인 모습으로 볼 수 있겠습니다. 그리고 문제가 별로 없어보였던 부부도 결국은 자녀 문제로 인해 심각한 부부갈등이 생기기도 하는 것이 안타까웠습니다.

🎬 영화로 내마음 읽어내기

폭력적인 게임과 음란물에 무방비로 노출된 우리나라 아동청소년들의 심각한 상황들을 한번 돌아봤으면 좋겠습니다. 스마트폰으로 너무나 쉽게 접할 수 있는 환경이고, 점점 연령대가 낮아지고 있다는 것이 매우 심각한 문제입니다. 요즘 카페에 가보면 영유아들에게 동영상을 보여주며 모임을 하는 아이 엄마들을 종종 보게 됩니다. 그리고 어떤 경우는 부모님 세대에서는 경험하지 못했던 컴퓨터 지식들을 가지고 있는 자녀를 보면서 좋아하는 부모들도 있다는 것이 심각한 문제가 될 때도 있습니다. 아이들이 중학생 정도 되면 어느 순간부터 부모가 자녀들의 컴퓨터나 스마트폰 사용 능력들을 따라가기 어려운 지경이 이르게 됩니다. 어릴 적부터 제대로 된 생활습관과 훈련이 필요하고 사회성을 기르는 것을 중요하게 생각했으면 좋겠습니다. 그리고 자녀와 관련된 '결정적인 순간'에 비겁해 지는 부모가 되지 않도록 노력했으면 좋겠습니다.

📢 도덕적 기로에 서서 고민해 본 경험이 있는가?

나는 어떤 선택을 해야 하는가?

....
....
....
....
....
....
....
....
....
....

■ 치료적 흥얼거리기

마음이 불편한 결정을 해야할 때는 잠시 눈을 감고 음악을 들어보세요.

●●● <요즘 너 말야>(조이), <My style>(조PD)

태풍이 지나가고
After the Storm
(2016)

/

고레에다 히로카즈 감독 / 아베 히로시, 마키 요코

📽 태풍이 휘몰아친 날

과거의 영광을 잊지 못한 채 유명 작가를 꿈꾸는 사설탐정 료타는 태풍이 휘몰아친 날, 헤어졌던 가족과 함께 예기치 못한 하룻밤을 보내게 됩니다. 아직 철들지 않은 대기만성형 아빠 료타. 어디서부터 꼬여버렸는지 알 수 없는 료타의 인생은 태풍이 지나가고 새로운 인생의 국면을 맞이할 수 있을지 기대가 됩니다.

믿고 보는 감독의 대명사 '고레에다 히로카즈'의 <태풍이 지나가고>는 각종 영화제와 매체에서도 호평을 받았습니다. 특히, 평범한 사람들을 향한 진실된 시선을 보여준 장면들이 마음의 위안을 주기도 했습니다. 국내에서도 <태풍이 지나가고>의 시사회가 끝나자 관객들이 "모두가 되고 싶었던 어른이 되는 것은 아니지만 그래도 매일을 즐겁게 살아가는 것이 좋은 것 아니겠어요. 생각대로 되지 않는 것이 인생이니까요." 등의 수많은 주옥같은 대사들을 SNS에 마구 쏟아냈다는 후문이 있습니다. 한때 가족이었지만 지금은 헤어져 지내는 한 가족의 이야기를 바탕으로 '모두가 되고 싶었던 어른이 되는 것은 아니다'라는 진심 어린 메시지와 현재의 소중함을 전하는 영화는 고레에다 히로카즈표 가족 영화의 정점이라는 호평을 받고 있습니다. 현재를 살아가는 우리 모두의 공감대를 자극하며 가슴 따뜻한 감동과 위로의 메시지를 줄 것입니다.

🎥 나누고 싶은 에피소드, 하나

고령화 사회의 단면

영화 속 주 무대였던 어머니의 집은 실제로 감독이 어린 시절 거주했던 연립 아파트였습니다. 한때는 집합 주택으로서 일본 내 높은 인기를 얻었던 연립아파트가 시대의 흐름에 따라 고령화라는 문제와 함께 독거노인들이 생활하는 곳으로 그려지는데 다가올 우리나라의 모습인 듯 했습니다. 이러한 상황에 있는 인물들의 모습이 안타까운 현실과 오버랩 되며 메시지를 전달하는 점이 인상적이었습니다.

다음은 변변한 돈벌이를 못하고 있는 아들과 어머니의 대화 장면 가운데 하나입니다.

아들: 난 말야, 대기만성형이야.

엄마: 뭐 그리 오래 걸리냐? 서두르지 않으면 나 귀신 될 거야.

이 장면을 보면서, 역시 부모님이 살아계실 때 부모님 마음에 원하시는 것을 해드리는 것이 매우 중요하다는 생각을 다시 하게 되었습니다. 그리고 기억나는 장면이 하나 더 있습니다. 아들이 집에 들르러 왔을 때 재활용(폐지) 쓰레기를 버려달라고 합니다.

아들: 오늘 재활용 쓰레기 버리는 날 아니잖아?

엄마: 아무도 안봤으니 괜찮아!

평소 사려 깊고 지혜로운 료타의 어머니가 일상생활에서 이런 식으로 표현하고 행동하는 것을 보면서 '나이 들어가는 것'에 대해서 조금 더 구체적으로 계획하고 생각하면 좋겠다는 생각을 해보기도 했습니다. 이런 일은 안타깝게도 실제로 주변에서 많이 경험하는 일이기도 합니다.

☺ *나누고 싶은 에피소드, 두울*

어버이날, 어린이날에 대하여

어린이날을 기다리며 선물을 기대했던 때가 엊그제 같은데 어느새 어버이날 편지를 받는 나이가 되어버리지 않으셨나요? 영화 속의 이런 대사가 떠올랐습니다. "당신이 꿈꾸던 어른이 되었나요?" 이어서 "꿈이 이루어지지 않았다고 해서 그 삶이 실패한 것은 아니에요."라는 말도 맴돌았습니다. '어른이 된다는 것'이 무엇인지 한번 생각해 보는 기회가 되었습니다.

어버이날에 혼자 지내시는 어머니를 찾아온 료타와 누나는 어머니를 만나러 와서 남매가 싸우는 모습을 보입니다. 오랜만에 만난 누나는 "너 빌 붙지마. 엄마한테도 나한테도."라고 이야기 합니다. 어렵게 사느라 양육비도 못주고 있는 동생에게 참으로 가혹한 말이라는 생각이 들었습니다. 게다가 어머니 집에서 동생에게 그런 심한 말을 하고는 연금으로 겨우 생활하는 어머니에게 자녀 피겨 스케이팅 학원비를 받아가는 누나의 모습을 보면서 너무 이기적이라는 생각이 들었습니다. 그리고 어머니가 료타에게 이런 질문을 합니다. '빨리 안떠나면서 오래 누워 지내는 것 vs 갑자기 죽어서 계속 꿈에 나오는 것' 이 둘 중에 하나만 골라보라고 합니다. 그러면서 떠나고 난 다음에 그리워하는 건 소용없다고, 눈앞에 있을 때 잘해야 한다는 그런 이야기를 하십니다. 정말 가슴에 많이 남는 말이었습니다.

양육비를 줘야만 한 달에 한 번 아이와 시간을 보낼 수 있는 가난한 아빠 료타는 당장에 돈이 없어서 이런저런 핑계를 대며 양육비를 미루다가 겨우 아이와 시간을 보내게 됩니다. 아이에게 운동화를 사주고 싶었는데 너무 비싸서 고민하다가 신발가게 주인 몰래 운동화에 흠집을 내고, 흠집이 있으니 싸게 달라고 하면서 결국은 사게 됩니다. 또 햄버거 가게에 가서는 아이것만 사고, 햄버거를 맛있게 먹는 아이 얼굴을 보며 너무 행복해 합니다. '아빠 표정'이라는 것은 정말 여느 표정과는 다른 것 같습니다. 비록 물질적으로 풍족하게 채워주지는 못했지만 사랑만큼은 충분히 표현하는 모습이 참 좋아보였습니다. 아들과의 대화 가운데 이런 장면이 있었습니다.

아들: 아빠는 되고 싶은 사람이 됐어?

아버지: 아직 안됐어, 그렇지만 되고 안되고의 문제가 아니라 그런 마음을 품고 사는게 중요한 거야.

비록 원하는 만큼, 충분히 좋은 아빠 역할을 못하고 있는 것에 대한 아쉬움을 있었지만 누구보다도 아들이 잘 성장했으면 하는 바람들을 담아서 아이와의 대화에 최선을 다하는 모습이 참 보기 좋았습니다.

🎬 영화로 내마음 읽어내기

<태풍이 지나가고>의 스토리는 두 가지 상실에서 시작됩니다. 주인공인 료타 아버지의 죽음과 료타의 이혼이 그것입니다. 사별 후 혼자 연금으로 생활하는 어머니에게 조금이라도 받아내려고 애쓰는 료타와 료타의 누나의 이야기, 헤어진 아내와 함께 살고 있는 어린 아들 싱고를 가끔씩 따로 만나지만 제대로 소통하지 못하고 심리적 거리만 확인하고는 헤어지는 부자 이야기, 이러한 에피소드들은 실제로 우리 주변에서 흔히 볼 수 있는 이야기들입니다.

'모두가 되고 싶었던 어른이 되는 것은 아니다. 원하던 삶의 모습이 아니라 하더라도 좌절하지 말고 현재를 소중하게 생각하는 것이 중요하다'라는 보석과도 같은 대사는 영화를 더욱 빛나게 해주었습니다. 또한 보통의 평범한 일상에 대한 섬세하고도 사려 깊은 통찰력과 함께 현재가 소중하다는 인생 메시지를 담은 영화였습니다. '가족의 부재 또는 상실'을 배경으로 시작해서 진정한 가족이 되어가는 것에 대한 의미를 되새기게 하는 영화인만큼 비슷한 상황이신 분들에게 도움이 될 것 같습니다.

📢 **나의 가족에게 '지금&여기'에서 해줄 수 있는 것은 무엇이 있을까요?**

따뜻한 마음을 가지고 가족들을 대할 마음의 준비가 되어 있나요?

....

....

....

....

....

....

....

....

🎬 **치료적 흥얼거리기**

가족을 위하는 마음을 담아 아주 작은 것에서부터 사랑을 실천해 보면 좋을 것 같습니다.

●●● <가족>(김건모), <All for you>(서인국&정은지)

블라인드 사이드

The Blind Side

(2010)

존 리 행콕 감독 / 산드라 블록, 퀸튼 아론

🎞 영화보다 더 영화같은 실화

'나보다 더 큰 재능을 지닌 사람들이 많지만 대부분 꿈을 펼치지 못한다. 나의 이야기를 통해 우리가 누군가에게 기회를 주면 그 사람에 겐 희망이 생긴다는 사실을 전할 수 있길 바란다' -마이클 오어-

초겨울, 반팔 셔츠 하나만 걸친 채 추위를 피해 학교 체육관을 전 전하던 아이를 같은 학교 학부모인 리앤이 우연히 발견하고 집에 데려 와서 재워줍니다. 난생 처음 가져본다는 침대를 보며 마이클은 미소 지 으며 행복해 합니다. 평생 '가족'이란 것을 가져본 적 없는 청년에게 기 꺼이 '엄마'가 되어준 한 사람이 있습니다. 서로의 인생을 바꾼 그들의 행복한 만남이 실화라고 하기엔 믿기지 않을 만큼 드라마틱한 내용이 었습니다. <블라인드 사이드>를 통해 추운 겨울, 거리의 추위뿐 아니 라 마음의 추위로 어려워하는 이웃을 돌아볼 수 있는 시간이 되었으면 좋겠습니다. 일본에서는 '행복이 숨어있는 장소'라는 제목으로 개봉되 었다고도 합니다.

🎥 나누고 싶은 에피소드, 하나

누군가에게 사랑을 주면 내가 먼저 행복해 집니다

마이클을 집에 들이기로 결정한 뒤, 리앤은 잠자리에 누워서 가만히 무엇인가를 생각하며 웃습니다. "왜 웃어?"하고 묻는 남편에게 "그냥"이라며 미소 짓습니다. "이게 좀 마이클과 관련된 일인가?" "아니요. 다 마이클과 관련된 거예요." "행복해 좋군." 이런 식의 행복한 대화가 오갑니다. 누군가에게 사랑을 주면, 내가 먼저 행복해 지는가 봅니다. 또 영화 속 행복한 장면 가운데 이런 부분이 있었습니다. 함께 서점에 갔다가 아이들은 어릴 적 엄마가 읽어주었던 동화책을 만나는 반가운 경험을 합니다. 아이들도 엄마도 행복한 느낌을 갖게 됩니다. 아마 많은 아이들이 어릴 적 잠자기 전에 엄마가 동화책을 읽어주었던 기억이 있을 것입니다. 반면 마이클은 그동안 이런 경험을 한번도 갖지 못했다고 했습니다. 이런 마이클에게 침대에서 동화책을 읽어주는 리앤의 모습은 유난히 아름다워 보였습니다. 물론 리앤의 아이들도 함께 즐거워했었구요. 사랑을 나누고 마음을 나누는 것이 이렇게 사람을, 삶을 아름답게 한다는 것을 다시 한번 느끼게 되었습니다. 그리고 마이클을 집에 가족으로 받아들인 후에 주변에서 "그애는 인생이 바뀌네요."라며 비꼬는 이들이 있었지요. 이때 리앤은 그들에게 당당히 "그애가 내 인생을 바꿔요."라고 대답하는 장면은 인상적이었습니다.

🎬 *나누고 싶은 에피소드, 두울*

마음을 나누며 대화하는 가족문화

리앤이 마이클의 마음을 공감하며 대화를 이끌어나가고, 이런 식으로 평소 가족들과 마음을 나누며 대화하는 장면은 정말 닮고 싶은 부분이었습니다. 마이클의 어린 시절은 불우했습니다. 엄마조차도 마이클의 아버지가 누구인지 정확히 몰랐으며, 마이클을 곁에 두고도 엄마는 마약을 했습니다. 마약을 하는 동안 마이클에게 눈을 감고 있으라던 그런 엄마로부터 제대로 된 양육을 받을 수 없었습니다. 마이클은 결국 아동보호시설에 맡겨졌다가 위탁가정을 전전했습니다. 제대로 된 대화의 경험이 없어서 늘 소극적이고 말수가 적은 마이클과 자연스럽게 대화를 이끌어가는 리앤이 대화를 나누는 장면이 많이 나오는데, 리앤이 참 멋있다는 느낌이 들었습니다. 리앤에게는 딸 콜린스와 아들 SJ가 있습니다. 엄마 리앤의 엄격한 가정교육과 따뜻한 마음을 보고 자라서인지 너무 반듯하게 자란 모습이 좋아보였습니다. 낯선 마이클로 인해 학교에서 놀림을 당할 수도 있는 상황이었는데도 불구하고 마이클을 잘 받아들이는 장면을 보면서 많은 아이들이 모델링하면 좋겠다는 생각이 들었습니다. 그리고 이런 장면도 있었습니다. 마이클이 풋볼을 처음 시작했을 때, 감독의 의도를 잘 이해하지 못해서 계속 지적을 받는 것을 본 리앤이 연습 도중 마이클에게 가서 적절한 비유로 알기 쉽게 설명해 주고 자신감을 불어넣어주던 장면은 정말 흐뭇한 장면 가운데 하나였습니다.

🎬 영화로 내마음 읽어내기

영화가 상상한 대로 이야기가 전개되면 흥미가 없어질수도 있는데, <블라인드 사이드>는 우리가 바라는 대로 원하는 결말로 진행되는데도 참 재미가 있었습니다. 어쩌면 우리도 마음을 나누면 이러한 영화 같은 이야기들을 삶 가운데 공유할 수 있다는 교훈을 주는 것이 아닌가 생각되었습니다. 이야기의 중심은 리안의 가족이 마이클을 전반적으로 도와준 것이지만, 처음에 마이클을 크리스천 스쿨에 입학할 수 있게 도와준 사람은 실제로 마이클의 친구 아버지였습니다. 누군가 한 사람이 모든 짐을 짊어진다는 것은 쉽지 않은 일이겠지만 조금씩 각자의 위치에서 짐을 조금씩 나눠질 수만 있다면 많은 고통 받는 이들에게 커다란 도움이 될 것이라 생각합니다. 처음에 마이클을 데리고 온 친구의 아버지가 크리스천 스쿨의 이념을 강조하며 풋볼 감독에게 마이클을 받아줄 것을 사정하고, 학교의 풋볼 감독은 교장 선생님을 비롯한 운영진들에게 마이클의 입학을 강력하게 요청합니다. 가까스로 입학한 후에는 마이클의 학업성취도가 미진하여 선생님들이 많은 불만의 목소리를 냅니다. 이때 과학 선생님은 교수법을 달리하여 마이클을 잘 지도하고 동료들에게 마이클을 지지하는 이야기를 많이 합니다. 여러 가지 상황들을 종합해 볼 때, 마이클에게는 수많은 도움의 손길들이 있었기에 그렇게 훌륭한 풋볼 선수가 된 것이 아닌가 생각됩니다.

리앤 역할의 산드라 블록은 이 영화로 아카데미 여우주연상을 받았습니다. 실제로 마이클의 후견인 역할을 한 가족의 사진을 보니 엄마가 산드라 블록만큼이나 근사한 모습이었고 다른 가족들도 정말 멋지다는 생각이 들었습니다. 아마도 사랑을 나누면 이렇게 멋있는 가족의 모습이 되는가 봅니다. 영화의 장면 가운데 '사람에게는 이게 가능하고 신에게는 모든 게 가능하다' 크리스천 스쿨 입구에 있는 문구가 특히 인상적이었습니다. 이런 '착한 영화'처럼 내가 감당할 수 있는 수준에서 '착한 마음'으로 살아보면 어떨까 하는 결심을 해보시기 바랍니다.

📢 마음이 따뜻해 지는 좋은 일을 했던 경험이 있습니까?

나눔으로 인해 내가 더 행복했던 기억을 떠올려 봅시다.

....

....

....

....

....

....

....

....

....

....

....

■ 치료적 흥얼거리기

돌봄이 필요한 주변사람들을 따뜻한 시선으로 바라보는 여유를 가져봅시다.

●●● \<Five for fighting\>(Chance), \<친구여\>(조PD&인순이)

좋지 아니한가
Shim's Family
(2007)

정윤철 감독 / 천호진, 문희경, 김혜수

🎞 쪽팔려도 고개를 들라, 우린 가족이다

무관심하고, 애정표현 없고, 공통분모를 찾아볼 수 없이 살아가던 콩가루 같은 심씨네 가족에게 공동의 위기가 찾아오고 그 속에서 둘째 딸 용선이가 자신이 운영하는 인터넷 음악방송에 대고 주저리주저리 가족을 소개하는 장면으로 영화는 시작됩니다. "왜 사람들은 서로 사랑하지도 않으면서 같은 집에 모여 살까요? 집에 들어오면서 매일 그런 생각을 합니다. 왜 나는 이 집으로 들어가고 있는 걸까? 왜 옆집으로 들어가면 안되는 걸까?" 혹시 집에 들어가면서 이런 질문을 스스로에게 던져본 적이 있나요? 무슨 황당한 질문이냐고 할지 모르겠지만, '나는 왜 이 집으로 들어가고 있는가?'의 질문 속에서 '가정'의 의미를 한번 되짚어 보았으면 합니다.

<좋지 아니한가>의 심씨네는 무기력하게 영어를 가르치는 고등학교 교사인 아빠, 삶에 지쳐 히스테릭한 엄마, 자신의 과거와 전생에 빠져 사는 아들 용태, 눈뜨면 그게 아침이라는 백수 이모, 그런 가족이

이해되지 않아 답답해 하는 딸 용선으로 이루어져 있습니다. 가족상담의 관점에서 바라보면 역기능적인 요소들을 많이 가지고 있는 가족이기도 합니다. 그리고 영화를 보면서 혼자 한참을 웃었던 장면이 있었는데, 백수 이모 김혜수가 밥을 하는 장면이었습니다. 중간에 밥통 뚜껑이 날라가 온 집안이 밥풀 천지가 되었던 장면이었습니다. 이렇게 언제 터질지 모르는 전기밥솥처럼 가족 간의 갈등이 언제 폭발할지 모르는, 늘 살얼음판 같은 관계임에도 가족들은 늘 묵묵히 한 상에 둘러앉아 밥을 먹습니다. 그리고 계란말이 반찬이 하나 남았을 때 아들이 먹고 싶어 하는 것을 알면서도 아빠가 얼른 가져다가 먹습니다. 아마 이런 평소의 모습들 때문이었는지 자신이 친아들이 아니란 것을 실제로 확인한 후에도 용태는 아무일 없었던 듯 아침을 먹고 학교에 갑니다. '가족인 듯, 가족 아닌, 가족 같은 거리'를 유지하면서 그들은 그렇게 살아갑니다.

가족은 자신의 허약함을 그대로 드러냄으로 갈등을 유발시키기도 하는 취약한 성질이 있습니다. 영화 속에서 용태가 자신의 출생의 비밀을 알게 되고, 교사인 아버지는 쓰러진 여학생을 도와주려다가 원조교제로 오해받고, 독서실에 있다면서 실제로는 노래방에서 놀고 있는 딸을 잡으러 뛰다가 십자인대 파열로 엄마가 병원에 입원하면서 가족의 스트레스와 갈등 상황에서 가족의 취약성이 전면에 드러나게 됩니다. 아빠의 오래된 허리띠로 뚜껑이 분리되어 고장난 전기밥솥 몸통을 굳게 동여매어야 가족이 먹을 수 있는 밥을 맛있게 할 수 있다는 사실이 곧 우리에게 가족을 구성하고 있는 한사람 한사람의 소중함을 말해 주는 것 같습니다.

■ 나누고 싶은 에피소드, 하나

심씨네 딸 용선이가 가족을 소개하는 장면

실제로 가족상담 현장에서 '가족을 소개'하는 부분은 매우 중요합니다. 가족들이 서로를 어떻게 인식하고 있는지, 가족 간의 거리는 어떠한지 등을 객관화해서 쉽게 풀어내도록 하는 것이 중요한데, 상황에 따라서 여러 가지 방법으로 '자신이 인식하고 있는 가족 구성원'에 대해 구체적으로 표현하도록 합니다. 예를 들어, 아동의 경우는 가족들을 동물로 표현하게 하기도 하고 성인들은 가족 구성원을 생각할 때 '떠오르는 형용사'로 표현하게도 합니다. 그리고 동적가족화(KFD)를 통해 그림으로 가족 간의 심리적인 거리를 알아보기도 합니다. 실제로 영화 속 장면 가운데서도 '가족 역할'을 그리면서 표현하는 장면이 나옵니다. 내가 만약에 가족을 소개한다면 어떤 식으로 할 것인지 생각해 보아도 좋을 것 같습니다.

⊗ 나누고 싶은 에피소드, 두울

가족의 의미

가족은 사회를 구성하고 있는 가장 작은 체계입니다. 서로 몰랐던 남자와 여자가 만나 한 지붕 아래 사는 것을 시작으로 가족이 형성되고 시작됩니다. 물론 이러한 정의는 고전적인 정의입니다. 실제로 현대인의 다양한 생활방식은 이제, 여러 가지 가족형태를 수용하면서 어떻게 하면 각각의 형태에 속해 있는 가족들의 삶의 질을 높일 수 있을까에 역점을 두고 있습니다. 즉, 현대의 가족형태는 매우 다양하며, 어떠한 가족의 형태든지 장·단점을 가지고 있고 그 특성에 따라 가족 간의 관심과 욕구가 다르기 때문에 다양한 관점에서 이해하는 것이 필요합니다. 만약에 여러분이 가족을 소개하는 영화의 시나리오를 쓰는 작가가 된다면 어떤 내용으로 가족을 소개하겠습니까? 가족 구성원의 '보호요인'과 '위험요인'을 구분해서 살펴보면 가족 내의 갈등구도와 가족 구성원의 강점과 약점을 알아볼 수 있습니다. 실제로 가족상담은 가족 개인의 다양한 문제들을 포괄하고 있기 때문에 가족의 전체적 접근은 물론 개별적인 문제해결을 위한 접근도 필요합니다. 아빠, 엄마, 용태, 용선, 이모 등, 각자가 현재 상황에서 가지고 있는 이슈를 개별적으로 접근하는 것도 매우 중요합니다.

영화 마지막의 이웃집과의 막장 싸움 장면은 가족의 소중함을 깨닫고 응집력을 발휘하게 하는 장면이었습니다. 예를 들어, 집에서는 형제끼리 싸워도 막상 동생이 이웃집 아이에게 맞고 들어오면 형과 동생이 힘을 합쳐서 이웃집 아이를 혼내주는 것처럼 말입니다. 건강한 가족은 가족의 응집력을 향상시키는데 초점을 맞추는 가족이라 할 수 있겠습니다.

ᘳ 영화로 내마음 읽어내기

"우리 가족을 잘 안다고 생각했었는데, 그게 아니었나 봅니다. 우리 가족이 미스테리입니다." 딸 용선의 나레이션입니다. 가족 구성원들이 '각자의 상황에서 서로를 어떻게 인식하는가'하는 것은 매우 중요합니다. 그리고 완벽한 부모는 따로 존재하는 것이 아니라 자녀가 성장함에 따라 부모도 성장하려는 의지가 있는 부모입니다. 이러한 성장과정 속에서 발생하는 시행착오를 수용하고 체화하려는 노력과 자세가 필요합니다. 누구나 처음 부모 역할을 하다보면 당연히 미숙할 수밖에 없습니다. 또한 엄마는 엄마대로, 아빠는 아빠대로 어떻게 소통해야 하는지 잘 모르는 경우도 많습니다. 영화를 보면서 중간에 서로 상처 주는 말과 행동들을 하는 것을 보면서, 거울처럼 스스로 비춰보며 반성도 해보면 좋을 것 같습니다.

'가족문제'라는 용어는 가족 기능상의 장애를 의미하기도 하며, 기능상의 장애에 관계없이 사회의 변화로 인한 가족 구성원의 특별한 적응을 필요로 하는 상황을 의미하기도 합니다. 이와 관련해서 '위기'와 '스트레스'라는 용어를 사용할 수 있는데 '위기'는 극심한 변화 때문에 가족 체계가 무너지고 가족의 평형이 깨져버린 상태를 의미한다고 볼 수 있습니다. 가족이 이런 상태에 이르면 얼마 동안 제대로 기능을 할 수 없습니다. 반면 '스트레스'는 단순한 변화 또는 가족의 평형이 교란된 상태를 의미합니다. 따라서 위기와 관련해서는 병리가족, 부적응가족, 일탈가족이라 부르기도 합니다. 최근에는 '노인 단독 가구', '맞벌이 부부' 등의 현대 사회의 변화로 인해 생긴 새롭고 다양한 형태의 가족도 볼 수 있는데, '1인 단독 가구'의 증가로 가족구조의 새로운 변화가 나타나고 있습니다. 영화 속 대사 가운데 특히 인상 깊었던 내용이 있었습니다. '마치 고슴도치가 서로 찔리지 않기 위해 적당한 거리를 두는 것처럼'이라는 표현으로 가족을 표현하고 있습니다. 어찌보면 슬픈 현실이지만 가족에 대해서 다시 한번 생각하게 하는 내용인 것 같습니다.

📢 우리 가족을 구체적으로 소개해 봅시다

어떤 방식으로 설명하면 좋을지 생각해 봅시다.

....
....
....
....
....

🎞 치료적 흥얼거리기

사랑하는 가족들일지라도 고슴도치처럼 적당한 거리두기를 실천해 봅시다.

●●● <좋지 아니한가>(크라잉넛), <Welcome to my world> (Jim Reeves)

7번째 내가 죽던 날
Before I Fall
(2017)

라이 루소 영 감독 / 조이 도이치, 할스턴 세이지

▦ 반복되는 '오늘'에 갇힌 주인공의 이야기

뉴욕타임즈 베스트셀러였던 로렌 올리버 작가의 동명소설을 영화화했습니다. <7번째 내가 죽던 날>은 차 사고로 목숨을 잃은 샘이 알수 없는 이유로 그날이 반복되는 것을 깨닫고, 내일로 가기 위한 시간을 그린 타임루프 영화입니다. 마지막 날 '하루'가 매일 반복되는 주인공의 다양한 선택과 에피소드는 참 신선했습니다. 그리고 독자의 상상에만 의존했던 다양한 책 속의 설정들이 실감나는 영상과 사운드, 배우들의 노련한 연기와 감독의 뛰어난 연출력으로 원작 이상의 매력이 있다는 평도 있었습니다.

하나의 선택이 미래를 바꿀 수 있다는 점에서 더욱 상상력을 자극하는 타임루프 영화 <7번째 내가 죽던 날>은 우연한 사고로 죽은 마지막 날이 반복된다는 설정의 영화입니다. 그러나 주인공의 선택에 따라 다른 결과가 펼쳐진다 해도 결국은 같은 하루를 그릴 수밖에 없다는 설정으로 진행됩니다. 영화 속에서 샘은 행복한 일상에서 사고를 당하고 불안함과 두려움에 좌절, 결국 반복되는 하루를 의미 있는 날로 만들고자 결심하기까지 끊임없이 변화합니다. 각 단계별로 주인공의 심리가 잘 드러나 있습니다. 하루를 통해 들여다본, 진정한 삶 속 소중한 것에 대한 메시지는 세대를 불문하고 관객들을 빠져들게 만들 것입니다.

📹 나누고 싶은 에피소드, 하나

내 인생 - 타임루프라는 독특한 설정

챗바퀴처럼 돌아가는 하루의 반복이라는 독특한 설정을 10대 소녀 샘에게 적용해, 예민한 시기에 벌어진 강렬한 사건과 감정을 섬세하게 묘사해 많은 공감을 받았습니다. 영화의 시작과 끝이 수미상관 구조로 이어지는데 촬영도 '하루를 돋보이게 하는 방법'이 사용되었다고 합니다. 감독은 같은 공간이더라도 다른 앵글로 촬영하여 그 안에 있는 샘의 심리변화까지 전달할 수 있도록 했다고 했습니다. 타임루프 영화를 완성도 있게 만든다는 것은 참 어려운 일일 텐데, 급변하는 상황을 강조한 음악과 미스터리한 스토리에 감성을 잘 담아내어 영화의 완성도를 높이고 있습니다.

'챗바퀴' 하면 영원한 형벌을 받는 '시지푸스의 이야기'가 떠오릅니다. 물론 영화에서도 시지푸스의 이야기가 잠시 등장하기는 합니다. 영화 속의 이런 연관성 있는 개념의 이야기나 친구네 집 벽에 붙어있는 '진정한 네가 되라'는 포스터의 글귀는 그 의미를 더해주는 것 같았습니다. 반복적인 일상의 이야기를 여러 번 표현하는 과정에서 지루할 수도 있었을텐데, 실제로는 그렇지 않았습니다. 하루하루의 표현들에 조금씩 신선한 변화가 있었습니다. 영화 속 샘의 나레이션에서도 다양한 감정의 변화를 볼 수 있었는데, 감독의 연출력도 훌륭했지만 무엇보다도 주인공 샘의 연기가 돋보였던 것 같습니다.

> *** 시지푸스 이야기:** 신들을 속인 죄로 형벌은 받은 이야기, 산 꼭대기에 바위를 올려야 하지만 꼭대기가 뾰족해서 올리는 순간 반대 쪽으로 굴러떨어지는 돌 때문에 결국 영원히 바위를 올려야만 하는 형벌을 뜻한다.

◉ 나누고 싶은 에피소드, 두울

'하루'라는 시간으로 삶, 정체성, 관계에 대해 그려냈다

<7번째 내가 죽던 날>은 다양한 변화를 겪는 10대 주인공 샘을 통해 스토리를 전개해 나가지만 전달하고자 하는 메시지는 남녀노소 불문하고 누구나 공감할 수 있다는 점에서 특별함이 있습니다. <7번째 내가 죽던 날>은 한마디로 시지푸스의 이야기입니다. 주인공은 평범한 하루일 줄 알았는데 교통사고로 죽음을 맞이하는 매번 똑같은 하루가 시작됨을 알게 됩니다. 자신이 무엇을 잘못했는지? 누가 자신에게 이런 짓을 하는지는 모르겠지만 하루라는 시간에 갇혀 늘 똑같은 나날을 시작하고 끝을 맺는 반복을 하는 것입니다. 처음에 그녀는 얼

떨떨해 하면서도 죽음을 맞이한 교통사고를 피하기 위해 별의별 수를 다 써보기도 합니다. 하지만 그녀가 교통사고가 나든 친구 집에서 잠을 자든 늘 그 다음날의 시작은 똑같은 하루가 됩니다. 샘은 여러 번의 똑같은 하루를 살게 되면서 자신이 별다른 이유도 모른 채 싫어했던 친구의 사정을, 귀찮게만 느껴졌던 가족의 존재를 그리고 자신을 진심으로 아껴주는 친구를 발견해 나갑니다. 이로서 자신과 주변의 소중한 사람은 물론, 그들과 맺는 관계 역시 뒤돌아보는 하루를 통해 그녀의 삶까지 잘 보여줍니다. 이처럼 반복되는 하루에 갇힌 샘의 비극은 현재인 오늘에 존재하지만 인물은 앞으로 나아가 삶과 자신의 정체성을 탐구해 나가기 시작합니다.

이러한 캐릭터의 성숙과 발전은 '당신이 죽는 순간에 당신은 어떤 사람이고 싶습니까?'라는 질문을 끊임없이 관객들에게 던지는 것 같았습니다. 샘은 단순히 존재하는 것 이상의 삶이 있음을 깨닫고 자신이 어떤 사람이 되고 싶은지 알아가게 된다는 것이 영화가 주는 큰 의미가 아닐까 생각합니다.

᯼ 영화로 내마음 읽어내기

당신에게는 내일이 있을지도 모릅니다. 남은 날이 수없이 많이 있을 수도 있습니다. 충분히 누릴 수 있고 낭비해도 될 정도로 많은 시간입니다. 하지만 어떤 이들에겐 오늘 하루가 삶의 전부일 수도 있습니다. 그래서 오늘이 가장 중요합니다. 그 순간이 영원이니까 말입니다.

<7번째 내가 죽던 날>은 이렇게 반복되는 하루 속에서 서서히 인생의 참의미를 깨닫는다는 이야기입니다. 만약 하루 속에 갇혀버린다면, 그래서 주인공처럼 하루쯤 그냥 하고 싶은 대로 막 행동한다면, 나는 주변사람들을 어떻게 대할지 한번 생각해 보아도 좋을 것 같습니다. 아마도 영화 속에서 친구들이 이야기한 대로 '너답지 않아'라는 이야기를 들을 수도 있을 것입니다.

왕따 당하는 레즈비언에게 "고등학교 시절은 잠깐이야. 그냥 견디면 돼."라는 따뜻한 공감의 말도 해주고, 아이들에게 억울한 오해를 받아 자살을 시도하는 친구를 끝까지 따라가서 막아주고, 이렇게 매일 가치 있는 하루를 만들고 싶어하는 모습이 참 예뻐보였습니다. 그러면서 '그동안 자신이 잘 살아왔는지'를 끊임없이 확인하고 싶어합니다. "엄마, 나 좋은 사람인가요?" 하고 엄마에게 묻기도 하고, 사춘기 반항을 하던 딸이 "엄마, 아빠 사랑해요."라는 고백을 하기도 합니다. 그리고 나이 차이 많이 나는 여동생을 귀찮아 하지 않고 눈높이를 맞춰서 예뻐해 주기도 합니다. 왜 이런 당연한 일상이 되어야 하는 일을 우리는 특별한 경험을 가질 때 그렇게 시도하는지 모르겠습니다. 반복되는 하루를 지속적으로 맞이하면서 '좋은 날'을 만들기로 결심하고 노력하고 '나다운 사람이 되는 것'이 무엇인지 영화를 통해서 한번 생각해 보면 좋을 것 같습니다.

📢 *당신이 오늘 하루만 반복적으로 살게 된다면?*

하루 속에서 매번 다른 의미를 발견할 수 있을까요?

....

....

....

....

....

....

....

....

▦ *치료적 흥얼거리기*

하루를 살아가며 우리가 놓치고 사는 부분이 무엇인지 생각해 봅시다.

●●● <나를 찾아줘>(전효성, feat D.Action), <Again & Again>(2PM)

맨체스터 바이 더 씨

Manchester by the Sea

(2017)

케네스 로너건 감독 / 캐시 애플렉, 미셸 윌리엄스

🎞 비명을 지르지 않는다고 고통스럽지 않은 게 아니다

　　보스턴에서 아파트 관리인으로 일하며 혼자 사는 리는 어느 날 형 조가 심부전증으로 위독하다는 소식을 듣고 고향인 맨체스터로 향합니다. 하지만 결국 형의 임종을 지키지 못한 채 자신이 조카 패트릭의 후견인으로 지목되었다는 사실을 알게 됩니다. 한편 리의 전부인인 랜디에게서 연락이 오고 그동안 잊고 있었던 과거의 기억이 하나씩 떠오르면서 아픈 이야기는 시작됩니다.

　　<맨체스터 바이 더 씨>의 맨체스터는 매사추세츠주 해안에 위치한 인구 5,000명의 작은 도시입니다. 축구로 유명한 영국의 도시 맨체스터가 아닙니다. 제목만 보고 영국 배경 영화로 오해하신 분들도 있을 듯 합니다. 그리고 미국 뉴햄프셔주에도 '맨체스터'라는 도시가 있는데 여기도 역시 아닙니다. 영화 속의 이 작은 도시는 소중한 친구들이 있는 익숙한 삶의 터전이기도 하고, 어떤 이에게는 얼른 떠나고 외면하고 싶은 도시일수도 있을 것입니다. 또 어떤 이에게는 숙제를 풀어야

할 장소일 수도 있을 것입니다. 사랑하는 사람과의 갑작스러운 이별, 이로 인한 자책과 위로, 상처와 용서, 그리고도 계속되는 삶과 고통스러운 울부짖음이 귓가에 맴도는 그런 영화였습니다.

📹 나누고 싶은 에피소드, 하나

무감각

영화는 한순간의 실수로 한 남자의 인생이 송두리째 달라지는 과정을 세심하게 보여줍니다. 또한 과거의 트라우마가 어떻게 현재에 영향을 미치는지에 대해 보여줍니다. 평범하게 소소한 일상을 유지하며 가정을 이루고 살던 리는 어느 날 친구들과 집에서 술을 마시고 취한채로 벽난로에 장작을 넣고 불을 피우고, 잠시 술을 사러 마트에 갑니다. 집에 돌아와 보니 자신의 실수로 집에 불이 났고, 겨우 아내만이 구조된 상태였습니다. 사랑스러운 아이들은 화재로 그만 사망하는 끔찍한 일이 벌어졌습니다. 의도치 않은 행동으로 말미암아 아이들을 잃고 아내와는 결별하게 됩니다. 이러한 일이 벌어진 뒤로 리는 가족과 자신의 삶의 터전이었던 지역사회로부터 도망치듯 떨어져 나와 삶의 생기를 잃은 채 살아갑니다. 그리고 그는 자기 자신을 자신으로서 살게 해 온 소중한 것들로부터 멀어진 채 자신에게 벌을 주듯이 살아갑니다. 모든 것에 무감각하고, 무표정한 모습이 리 그 자체로 표현된 듯 했습니다.

너무 큰 고통을 경험한 이들은 깊은 슬픔 속에서 자신을 보호하려는 본능적인 몸부림을 칩니다. 고통에 무감각해지려는 이러한 노력들로 주변의 손길들도 거부하고 늘 아무렇지 않은 척하고, 괜찮다고 합니다. 그러다가 영화 속 리처럼 결국 "못 버티겠어."라는 말로 좌절하기도 합니다.

😵 나누고 싶은 에피소드, 두울

자신을 자유롭게 놓아주는 것

영화의 많은 부분들이 과거 속의 장면들을 보여줍니다. 리의 현재와 과거의 기억들이 교차하면서 리가 과거를 회상하며 자신의 잘못을 떠올리는 형식으로 진행됩니다. 그러다보면 갑자기 걷잡을 수 없는 감정의 홍수에 휩쓸리기도 하고, 미국 중산층 가정이 어떻게 일상의 작은 실수로 인해 산산조각 나는지도 알 수 있습니다. 그 과정을 함께 지켜보는 관객은 누구나 고통과 후회의 순간이 있을 수 있으며, 그 비극 앞에서 인간이 얼마나 무력한지를 결국 받아들이게 될 것입니다. 동시에 그러한 비극 앞에서 조금이라도 나아진 사람이 되기 위해 애쓰는 이도 있다는 것을 상기시켜주기도 합니다. 고통 앞에서 리는 무감각함으로 버텨내고, 아빠를 잃은 패트릭은 지나친 감정표현들로 버텨냅니다. 친구들과 또는 여자 친구들 사이에서 자신의 감정들을 마구 표출해내고, 아직 냉동고에 보관되어 있는 아빠의 시신에 가슴 아파하면서 집의 냉장고에 보관된 냉동 닭을 보고 공황발작을 일으키기도 합니다. 이런 식으로 고통을 표현하고 희석시켜 나갑니다.

결국 이들도 같은 공간 속에서 동일한 시간들을 경험해 나가는 가운데 조금씩 서로를, 스스로를 자유롭게 놓아줍니다. 삼촌을 따라서 보스턴에 가는 것을 그렇게도 싫어했던 패트릭에게 리는 더 이상 강요하지 않고 다른 해결방법을 제시합니다. 그리고 리의 전부인이 찾아와 울면서 그동안 상처 주었던 것에 대해 용서를 구할 때, 리는 무감각한 반응을 보이기는 했지만, 조금씩 마음으로 자신을 자유롭게 놓아주는 듯 보였습니다. 막연히 시간이 해결해 준다기 보다는 고통 가운데서 '자신을 자유롭게 놓아주는 것'이 중요하지 않을까 생각됩니다.

🎬 영화로 내마음 읽어내기

바닷가의 아름다운 경치가 한없이 우울해 보였습니다. <맨체스터 바이 더 씨>는 약간은 무거운 주제의 영화였습니다. 여러 장면에서 흘러나오던 고전 음악들이 더욱 심금을 울리기도 했습니다. 무엇보다도 리의 꿈속에 나타난 딸아이들의 외침에 너무나도 가슴이 아팠습니다. "아빠, 우리 타고 있는 거 안보여?" 리는 얼마나 마음이 아팠을지 짐작조차 할 수 없을 것 같습니다. 우리 주변에는 이같이 가슴 아픈 이별을 경험하고 하루하루 힘겹게 살아내는 이들이 있습니다. 이 영화가 상처와 고통을 극복하기 위한 하나의 실마리 혹은 힌트가 됐으면 좋겠습니다. 그런 이들이 온전한 몸과 마음으로 일상을 유지하도록, 그리고 일상에서 조금씩 행복감을 느낄 수 있도록 주변에서도 온 마음으로 도울 수 있다면 좋겠습니다.

📢 비명을 지르지 못할 정도로 힘겨운 고통을 경험한 적이 있나요?

고통에 무감각해지는 방법에는 어떤 것이 있을까요?

....

....

....

....

....

....

....

....

....

....

....

....

....

....

▨ 치료적 흥얼거리기

무감각하게 대처하는 것이 실제로 고통을 줄일 수 있는 방법인지 생각해 봅시다.

●●● <아무일도 없었다>(정엽), <someday>(소향)

나의 사랑, 그리스

World's Apart

(2017)

크리스토퍼 파파칼리아티스 감독 /
J.K 시몬스, 니키 바칼리

📽️ 그곳에 사랑이 있었다

그리스의 경제위기와 로맨스를 엮은 옴니버스식 영화로 재미와 의미를 동시에 느낄 수 있는 영화입니다. 첫 번째 영화(부메랑)는 그리스 여대생 다프네의 이야기입니다. 괴한으로부터 자신을 구해준 시리아 청년 파리스와 사랑에 빠집니다. 난민들에게 불만을 품은 일부 그리스인들 사이에 폭동이 일어나고 두 사람은 위기에 처합니다. 두 번째 영화(로세프트 50mg)는 스웨덴에서 그리스로 출장을 온 구조조정 전문가 엘리제의 이야기입니다. 우연히 바에서 만난 그리스 남자 지오르고와 하룻밤을 보내고 사랑을 느낍니다. 그러나 지오르고가 자신이 담당한 회사의 구조조정 대상 직원이라는 것을 알고 고민에 빠집니다. 세 번째 영화(세컨드 찬스)는 독일에서 그리스로 이주를 한 세바스찬의 이야기입니다. 마트에서 가정주부 마리아의 도움을 받은 뒤 자연스럽게 이들은 마트 데이트를 이어갑니다. 마리아는 역사학자인 세바스찬을 통해 지금껏 몰랐던 세상에 대해 배워가고 동시에 그와의 사랑도 키워갑니다. <나의 사랑, 그리스>는 옴니버스식 영화이지만 영화 후반에는 놀랍게도 세 이야기가 하나로 이어지는 유기적인 모습을 보여줍니다.

난민문제, 경제위기에 봉착한 그리스를 배경으로 한 세 가지 러브 스토리는 조금 생소한 면이 있기는 합니다. 그러나 영화는 궁극적으로 다른 상황, 같은 위태로움을 직면한 남녀가 언어의 장벽에도 불구하고 인류애로 교류하는 일정한 형태 속에서 사랑의 소중함을 부각시킵니다. 실제로 언어소통에 문제가 있는 경우 상대에게 더 집중하고 공감하고 비언어적인 표현을 많이 하면서 더욱 친밀해지기도 합니다. 영화 중간에 가끔 등장하는 '에로스 신화'도 '사랑'이라는 가치를 강조하는 일종의 코드로 작용하여 스토리를 전체적으로 연결합니다. 그리고 부제로 사용된 '부메랑', '로세프트 50mg', '세컨드 찬스'의 의미는 '사랑'을 잃거나 혹은 잊고 사는 현대인에게 주는 어떤 메시지로 볼 수 있겠습니다.

■ 나누고 싶은 에피소드, 하나

낭만과 신화의 나라, 그러나 현재의 세계를 보여주는 나라, 그리스

언젠가부터 그리스는 로맨스에 다소 부적합한 배경이 되어버렸습니다. 그러나 이 작품은 그러한 편견을 깨뜨려버리기에 충분했습니다. 보통 로맨스를 주제로 한 영화에서는 사회문제를 금기시합니다. 그러나 이 영화는 독특하게도 로맨스에 그리스 경제위기를 적극적으로 다룹니다. 첫 번째 '부메랑'에서 다프네의 아버지는 가게 3개를 운영하는 잘나가는 자영업자였지만 EU통합 이후 그리스의 경제위기로 파산을 하게 됩니다. 파시즘이었던 그는 원인을 엉뚱하게도 시리아 난민 때문이라는 이상한 방향으로 화살을 돌리며, 늘 분노하며 살아갑니다. 문제는 사람이 궁지에 몰리고 벼랑 끝에 서게 되면 책임을 누군가에게 전가하곤 하는 것이지요. 그러나 운명의 장난처럼 딸 다프네는 시리아 난민인 파리스와 사랑에 빠집니다. 두 번째 '로세프트 50mg'은 40대 커플의 문제를 좀 더 적극적으로 다룹니다. 자유경쟁을 모토로 한 자유경제 시스템이 전 세계에 보편화 되면서 부익부 빈익빈 현상이 더 심해지고 있습니다. 사회복지 시스템이 느슨한 나라들은 이러한 자유경쟁 시스템에서 무너지는 가정을 지키지 못합니다. 구조조정 전문가인, 찔러도 피 한 방울 안나올 듯한 엘리제가 결국 자신이 해고한 사람이 자살을 한 것에 충격을 받고 '돈 보다 사람'이 보이기 시작합니다. 그리고 그녀도 약을 필요로 하게 됩니다. 세 번째 '세컨드 찬스'는 마리아와 세바스찬이 마트 앞에서 만나는 첫 장면이 인상적이었습니다. 세바스찬에게 "당신은 토마토도 사 먹고 좋겠어요."하면서 비꼬는 장면은 자본의 통합이 점점 세상을 분열의 가장 뜨거운 문제, 특히 유럽 사람들을 불안하게 하는 난민과 경제적 위기에 대비시켜가는 것을 비판적으로 그려내고 있습니다.

<나의 사랑 그리스>는 사랑을 통해 현재의 시대를 이야기하고 있습니다. 세상은 변할 것이고 결국 마지막에 남는 것은 사랑과 가족이 될 것이라는, 인간에게 가장 중요한 가치는 이것이라고 영화는 이야기

해 줍니다.

🎬 *나누고 싶은 에피소드, 두울*

현실적이고 깊이 있는 우리의 사랑 이야기

<나의 사랑 그리스>는 오늘을 살고 있는 현대인들의 현실적인 사랑 이야기를 보여 주고 있어 더욱 공감을 끌어냅니다. 격변하는 사회의 변화 속에서 현재도 미래도 불안하지만 그런 현실이라 할지라도 사람들은 사랑을 꿈꾸고 사랑으로 위로받는다는 이야기를 전합니다. 비록 극단적인 환경, 혼란스러운 사회 속에 살고 있다 하더라도 그곳에는 항상 '사랑'이 있습니다. 세 번째 '세컨드 찬스'에서 한번도 여유롭게 살지 못하던 주부 마리아에게 역사학 교수였던 세바스찬은 '에로스와 푸쉬케'의 이야기를 들려줍니다. 에로스와 푸쉬케의 아름다운 사랑 이야기 중에 '두 번째 기회'에 대해 설명합니다. 에로스와 푸쉬케는 서로 사랑하다가 헤어졌지만 푸쉬케의 간절한 사랑이 하늘에 닿아서 두 번째 기회를 얻고 영생을 얻어서 사랑을 이루는 이야기를 합니다. 마리아에게 어떤 선택을 강요하거나 하는 건 아니었지만, 지금까지의 삶에서의 '사랑의 모습'에 대해서 한번 돌아볼 기회를 주는 것 같았습니다.

나이나 국적을 불문하고 우리는 항상 인간관계를 갈망합니다. 영화 속 사랑 이야기의 주인공들(3명)을 각각 다른 나라 사람으로 섭외해서 영화를 찍은 것도 의미가 있었습니다. 유럽, 중동, 미국 등 모두 언어

와 문화적 배경은 다르지만 그들이 사랑을 매개로 하나가 되는 모습을 보여주었습니다. 사회적, 경제적으로 많은 부분이 우리나라와 닮아있는데 영화를 통해 많은 사람들이 위로를 받고 용기를 얻을 수 있는 기회가 된다면 좋겠습니다.

🎬 영화로 내마음 읽어내기

감독은 '아주 가혹하고 혼란스러운 환경에 처한 사랑 이야기'를 만들고 싶었다고 합니다. 모든 사랑 이야기에는 장애물이 존재하는데 <나의 사랑, 그리스>는 그 장애물을 지금 유럽과 그리스가 당면한 정치적, 경제적, 사회적 위기로 하고 싶었다고 합니다. 즉, '사랑과 정치 간의 대결구도'로 볼 수 있겠습니다. 경제로 묶여진 지구는 점점 지옥으로 변해가고 있는 듯 합니다. 세상이 사랑의 언어가 아니라 경제라는 언어로 묶여질수록 가정은 파괴되고 파편화되고 있습니다. <나의 사랑, 그리스>는 경제문제로 가정이 파편화되어가고 있는 모습을 잘 담아내고 있습니다. 영화는 분열되어가는 세상을 묶을 수 있는 것은 오로지 '사랑'이라고 말합니다. 3편의 영화 속에 등장하는 시리아 청년, 유럽 여성, 미국 남성은 모두 그리스로 왔고 그리스를 사랑하게 됩니다. 그들은 각기 다른 이유로 그리스에 왔지만 결국 러브 스토리는 하나로 연결됩니다. 영화를 보는 관객들이 아무리 극단적이고 혼란스럽고 가혹한 상황 속에서도 사랑의 공간이 존재한다는 것을 느낄 수 있다면 좋겠습니다. 진부한 이야기일수도 있지만 때로는 진부한 것이 시대를 초월한 진실이 될 수도 있는 것입니다.

📢 *커다란 사랑의 장애물을 경험한 적이 있습니까?*

가혹하고 혼란스러운 환경에 처한 사랑 이야기

....

....

....

....

....

....

....

....

🎬 *치료적 흥얼거리기*

아무리 힘든 상황에서도 나만의 '사랑의 공간'은 있습니다.

●●● <외국인의 고백>(악동뮤지션), <U>(존박)

하늘이 보내준 딸
God's Own Child
(2012)

A. L. 비자이 감독 / 치얀 비크람, 사라 아준

🎬 *여섯 살 아빠, 다섯 살 딸, 우리는 함께 살아야 합니다*

쵸콜릿 공장에서 일하는 크리쉬나는 지적장애로 지능이 여섯 살에 머물러 있습니다. 봉사활동을 하러 온 부자집 장녀와 사랑에 빠지고 닐라를 출산하게 되지만 결국 아내는 신에게로 갑니다. 아내를 대신하여 이웃의 도움을 받으며 선물과도 같은 딸 릴라를 정성껏 돌봅니다. 한없는 아빠의 사랑을 받으며 총명한 아이로 자라는 닐라는 세상에 하나뿐인 혈육인 아빠와 행복한 나날을 보냅니다. 그러던 중, 닐라가 다섯 살이 되던 해에 갑자기 닐라의 외가식구들이 나타나 크리쉬나의 장애를 문제 삼아 닐라를 강제로 데려가고 양육권을 뺐으려 합니다. 그러면서 법정다툼이 시작됩니다.

<아이엠 샘>, <7번방의 선물>의 인도판이라고 볼 수 있습니다. 인도 영화 특유의 느낌이 있는 영화입니다. '바보'라는 기준이 무엇일까요? 사회가 규정해 놓은 기득권 사이에서 바보는 딸만 생각하는 현명함을 보여주고 영화는 이를 표현하는데 있어서 어설프지만 순수한

모습을 잘 담아내고 있습니다. 가끔은 가족을 위해서라면 '바보'가 되는 것은 어떨까 하는 생각을 해보며 영화를 보면 좋을 것 같습니다.

📹 나누고 싶은 에피소드, 하나

아이와 눈높이를 맞춘 아빠

할리우드를 견제하는 자국영화를 만드는 것에 의미를 두었다고는 하지만 영화에 대한 호불호가 갈리기는 했습니다. 주인공과 변호사, 그리고 조연들의 만남들이 조금 어수선한 전개를 보이기도 했습니다. 시나리오가 숙명적인 상황으로 자연스럽게 연출이 되는 부분은 엉뚱하기도 하고 색다른 매력이기도 했습니다. 특히, 주연급 배우들보다는 조연들의 매력에 빠질만한 재밌는 장면들이 많이 있었습니다. 그러나 연기하는 방식이 우리의 감성과는 맞지 않은 부분도 일부 있었던 것 같습니다. 그래도 닐라를 연기한 아역배우의 연기는 정말 최고였습니다. 크리쉬나 역의 비크람은 인도의 국민배우라고 하는데, 나중에 프로필 사진을 보니 너무 잘생기고 멋진 배우더군요. 예를 들면, 외국인이 <맨발의 기봉이>를 본 후에 배우 신현준의 프로필 사진을 본 듯한 느낌이라 할 수 있겠습니다.

천둥과 번개를 두려워하는 아빠와 딸의 대처방법은 함께 무서워하는 것 밖에 없었지만 두 사람은 서로 껴안고 있으며 서로 위로를 받습니다. 아이들이 무서워하는 경우 일반적으로 어른들은 "괜찮아."라고 말하고 이해시키려하지만 실제로 아이의 생각이 어떤지에 대해서 헤아리지 못하는 경우가 많습니다. 성의 없이 "잘될거야."라고 하는 것보다는 눈높이를 아이에게 맞추고 같이 무서워해 보는 것도 좋을 것 같습니다. 아이와 교감을 한다는 것은 매우 중요합니다. 그래서인지 법정에서 닐라가 아빠와 애정을 가득 담아서 수화로 대화를 나누는 장면은 정말 가슴 뭉클했습니다. 평소에 애정을 가지고 아이를 안아주고, 평소 아이의 눈높이에서 위기상황을 대처하는 모습을 자주 보여주는 부모가 되도록 노력해야할 것 같습니다. 영화에서는 딸과 아빠가 함께 살고 싶어하는 애틋함에 주로 초점이 맞추어져 있었습니다. 이들 부녀처럼 '서로가 함께 있을 때 행복한 두 사람'이라는 표현을 우리는 곁에 있는 가족들에게 우리도 써보면 어떨까요? 가족들과 함께 있는 것이 얼마나 감사하고 행운인지, 영화를 통해 다시 한번 생각해 보면 좋을 것 같습니다.

🎬 나누고 싶은 에피소드, 두울

결국 외할아버지에게 보내지는 닐라

'닐라'는 '달'을 의미합니다. 영화에서 달의 기운이 느껴지는 장면들이 곳곳에 나오는데 이것은 달의 기운, 즉 신이 닐라를 보살피고 있음은 물론이고 닐라는 마을 공동의 차원에서 양육되고 사랑받고 있음을 보여줍니다. 이는 단순히 배경적 차원이 아니라 영화가 현실적 문제에 대한 답변을 해주는 것이라 볼 수 있겠습니다. 크리쉬나는 닐라와 잠시도 떨어져 있지 못할 만큼 사랑하고 헤어짐에 고통스러워했지만 닐라에게 최선이라면 그것을 감내할 용기를 내어봅니다.

부모의 자식을 향한 사랑이야말로 순수하고 진정한 사랑이 아닐까요? 그래서 종교에서는 이런 부모의 마음을 신의 마음에 비유해서 상상해 보라고 하는가 봅니다. 재판에서 상대편 변호사의 심금을 울린 일과 법정에서 멀리 바라보며 안타까워하기만 했던 부녀의 모습, 재판에 지고도 기쁘고, 이겨도 기뻐하는 그런 해피엔딩을 뒤로하고 결국은 닐라를 외할아버지에게 다시 보내는 아빠의 사랑은 정말 반전이었습니다. 전혀 예상치 못한 반전과 함께 달을 향해 걸어가는 엔딩은 진실한 사랑의 의미를 느끼게 해주었습니다. 우리말의 '아빠'와 발음과 의미도 같은 '아빠', 닐라가 자주 '아빠'라 불렀던 장면들의 여운이 남는 영화였습니다.

🎬 영화로 내마음 읽어내기

인도 영화를 보면 남다른 '정신적인 깊이'가 느껴집니다. 저는 개인적으로 이 영화를 보면서 『인생수업』의 저자 엘리자베스 퀴블러 로스의 말이 떠올랐습니다. '인생의 시작에 있든 끝에 있든, 절정기에 있든 절망의 나락에 있든, 우리는 언제나 모든 상황을 초월한 존재입니다. 당신은 당신이 앓고 있는 병이나 직업 그 자체가 아니라 당신 자신일 뿐입니다. 삶이란 무엇을 하는가가 아닌, 존재에 관한 문제인 것입니다'

영화를 감상하는 동안 아빠 크리쉬나에 대해 어떤 마음이 들었는지 한번 생각해 보았으면 합니다. 지능이 낮아서 제대로 된 직업을 가지기 힘든 상황이었으며, 아내도 없이 아이를 키우느라 쩔쩔매는 상황이었는데 이런 상황과 주인공 크리쉬나를 동일시하지 않으셨는지요? 하지만 크리쉬나의 '존재 자체'를 바라보면, 그는 닐라에게 무엇이든 해줄 수 있는 가능성의 아빠였습니다. 특히, 재미있는 이야기를 해줄 때의 크리쉬나의 존재는 한없이 빛났습니다. 이제 우리를 돌아보았으면 좋겠습니다. 상황들을 바라보면 한없는 아쉬움이 들 수도 있겠지만, 우리는 '존재하는 것'만으로도 빛날 수 있어야 합니다. 모든 치장, 소유, 지위를 다 떼어내도 우리의 본래 존재는 거대한 호수만큼 투명하고, 우주만큼 역동적이라는 것을 기억했으면 좋겠습니다.

📢 나는 가족들에게 바보스러울 정도로 행복한 표현을 하는가?

우리 가족만의 재미있는 활동이나 대화를 찾아봅시다.

....

....

....

....

....

....

■ 치료적 흥얼거리기

일상의 행복을 가족들과 누릴 수 있다면 곧 최고의 행복을 누리는 것입니다.

●●● <UFO 타고 왔니?>(헤이즈&고영배), <언제나>(허각)

데몰리션 Demolition
(2016)

장 마크 발레 감독 / 제이크 질렌할, 나오미 왓츠

▦ 슬프게도, 그녀가 죽었는데 괴롭거나 속상하지도 않아요

　　교통사고로 아내를 잃은 성공한 투자 분석가 데이비스는 다음날, 평소와 다름없이 회사에 출근을 합니다. 이러한 그를 보고 사람들은 수군거립니다. 그러나 아무런 감정도 느끼지 못하는 것처럼 살아가는 데이비스는 점차 무너져갑니다. 주인공 데이비스는 아내를 잃은 날, 아내가 있었던 병원의 고장난 자판기에 돈을 넣었다가 쵸콜릿 간식을 얻지 못합니다. 화가 나서 자판기 회사에 항의 편지를 쓰기 시작합니다. 그러다가 그 항의 편지에 그동안 누구에게도 말하지 못했던 자신의 속마음을 장황하게 털어놓게 됩니다. 어느 날 새벽 2시, 데이비스의 편지를 보고 울었다는 자판기 고객센터 직원 캐런의 전화를 받게 됩니다. 어찌보면 조금 황당한 설정인 듯 보입니다. 그러나 실제로 사람들은 사별 후에 제대로 된 '애도의 과정'을 겪지 못하는 경우가 많은데, 데이비스는 애도의 과정을 조금 특별하게 경험하는 듯 보입니다. 우리 주변의 어떤 이들은 이미 사별의 경험이 있을 수도 있고, 또 다른 이들은 언젠가 사별을 경험하게 될지도 모릅니다. 그리고 막상 그러한 상황이 닥치게 되면 경험의 한 가운데서 애도를 회피하게 될런지도 모르겠습니다. 이 영화를 통해서 '애도'의 의미를 다시 한번 살펴보고 누군가에게 자신의 마음을 털어놓는다는 것의 의미와 진심으로 공감하며 이야기를 들어주는 그런 관계에 대해서도 한번 생각해 보면 좋을 것 같습니다.

🎥 <u>나누고 싶은 에피소드, 하나</u>

지금부터는 나와 내 연장만 있을 뿐

데이비스가 '지금부터는 나와 내 연장만 있을 뿐'이라고 중얼거리며 모든 것을 분해하기 시작합니다. 회사의 화장실 문을 모두 분해해서 사람들을 당황하게 했으며, 집의 냉장고, 사무실의 컴퓨터도 완전히 분해해 놓았습니다. 길을 지나가다가 폐가가 철거중인 것을 보고 인부들에게 돈까지 주고 자신도 철거에 참여하겠다고 사정한 후 철거하다가 못을 밟아서 큰 상처를 입기도 합니다. 복잡한 구조를 지닌 것이라면 무엇이든 잡아 뜯고 부숩니다. 마치 그 안에 미처 보지 못한 중요한 어떤 것이 숨어있기라도 한 것처럼 말입니다. 아내가 죽은 다음날 아무렇지도 않게 출근하고 이상한 행동을 하는 탓에 결국 회사에서는 정직을 당하고, 직장동료들은 하나같이 그를 미친 사람 취급하기도 합니다. 아내가 죽은 마당에 눈물 한방울 없는 그를 모두 이상하게 여깁니다. 아마도 뭔가를 고치기 위해 분해한 다음 잘못된 부분을 찾으려는 듯이, 아내와 단둘이 살던 신혼집까지 불도저로 밀어버리고 나서야 데이비드는 길었던 해체작업을 멈춥니다.

우리는 살면서 소중한 무엇인가를 잃곤 합니다. 감당하기 힘든 상실 앞에서 사람들은 저마다의 방법으로 애도를 합니다. 눈물이 가장 흔한 애도일 뿐, 누구나 그런 것은 아닙니다. 누군가는 눈물대신 데이비드처럼 눈에 보이는 모든 것을 부수고 해체하기도 할 것입니다. 애도가 어떻게, 얼마나, 진행될지는 아무도 모릅니다. 나름의 애도를 시작한 사람에게 "넌 왜 울지 않니? 슬프지 않니?"라고 하는 것은 또 다른 폭력일 수도 있습니다.

🎞 나누고 싶은 에피소드, 두울

나도 당신처럼 완전히 솔직해 지고 싶어요

데이비스와 캐런은 서로 자신이 무엇을 원하고 바라는지 자연스럽게 살아오지 못했던 점에서 공통점이 있습니다. 영화는 한 남자의 행보를 따라가면서 가랑비에 옷 젖듯이 치유의 작업을 해 나갑니다. 아주 천천히, 억지스럽지 않게, 자신과 닮은 누군가와 인연이 되어 이야기를 나누다가 위로가 되기도 합니다. 캐런의 아들 크리스는 정학을 당해 학교에 가지 않은 채 집에서 여전히 사고를 치고 있었습니다. 중학생 정도 되어 보이는데 줄담배에, 섹슈얼리티한 대화를 아주 자연스럽게 나누고, 집이 떠나가도록 드럼을 칠 때 데이비스는 곁에서 공감하며 춤을

춥니다. 이렇듯 크리스를 공감해 주는 데이비스가 정말 대단하다는 생각이 들었습니다. 크리스는 그동안 대마초에 중독된 엄마와 엄마의 직장상사이자 남자친구와 함께 살면서 그동안 얼마나 상처가 많았을까 하는 생각도 해보았습니다. 결국 크리스가 데이비스로부터 치유받기도 하고 데이비스가 그들로부터 치유받기도 하는 관계가 되어갑니다.

우리는 얼마나 솔직히 자기표현을 하고 살까요? 진정으로 자기 자신이 원하는 삶을 살고 있는지 한번 생각해 보면 좋겠습니다. 주변사람들이 '좀 이상하다'라는 평을 하더라도 자신이 진정으로 원하는 그런 삶을 살고 있는지 한번 생각해 보았으면 합니다.

🎬 영화로 내마음 읽어내기

'데몰리션(Demolition)'의 뜻은 '파괴', 건축용어인 '철거'를 의미합니다. 이런 대사가 나옵니다. 데이비스가 캐런의 아들이자 비행청소년인 크리스에게 "뭔가 깨부수고 싶었던 적 없어?"하고 묻고는 온갖 공구를 사용하여 자신의 집을 부수고 해체하기 시작합니다. 미친 듯이 집까지 부숩니다. 이렇듯 누구나 모두 깨버리고 싶은 게 있을 수도 있습니다. 그것이 실체이든, 정서적인 것이든 상관없이 말입니다. 그리고 실제로 가끔은 이런 작업이 필요할 때도 있습니다.

캐런과 함께 대마초를 사러갔던 곳에서 발견한 회전목마를 아내 줄리아가 좋아하던 해변가에 설치하고, 줄리아의 이름을 딴 회전목마를 바라보며 데이비드와 장인 모두 줄리아와의 추억을 떠올리며 흐뭇한 미소를 짓던 영화의 마무리는 정말 인상적이었습니다. 데이비드가 치유되는 과정을 보며 주변의 사소한 것들의 소중함을 간과하며 앞만을 향해 달려가는 현재의 삶을 돌아보게 한 영화였습니다. 데이비드는 자신의 감정의 문제를 밝히기 위해 사물들을 해체하듯, 자신의 인생을 해체한 후 그 문제의 본질을 발견하게 되었습니다. 회전목마를 통해서 '함께 즐거워할 수 있는 방법'을 알아가는 것, 이것과 정반대의 삶이 바로 '파괴'의 'demolition'이겠지요. 최고의 행복은 일상에서 만나는 이들의 필요를 채워주고, 배려하는 삶이 아닐까 하는 것을 영화를 통해서 많은 이들이 발견하기를 바랍니다.

📢 진정한 애도의 경험에 대해서 생각해 봅시다

주변에 애도의 시간을 보내고 있는 이들이 있다면 어떻게 도울 수 있을까요?

....
....
....
....
....
....
....

■ 치료적 흥얼거리기

진정한 만남과 헤어짐에 대해서 생각해 봅시다.

●●● <떠난대도>(커피소년), <헤어지는 중입니다>(이은미)

쉰들러 리스트
Schindler's List
(1994)

/

스티븐 스필버그 감독 / 리암 니슨, 벤 킹슬리

🎞 *오스카 쉰들러의 이야기*

　제2차 세계대전 당시 독일군이 점령한 폴란드의 어느 마을, 시대 흐름에 맞춰 자신의 성공을 추구하는 기회주의자 쉰들러는 유태인이 경영하는 그릇 공장을 인수하게 됩니다. 그는 공장을 인수하기 위해 나치 당원이 되고 독일군에게 뇌물을 바치는 등 갖은 방법을 동원합니다. 그러나 냉혹한 기회주의자였던 쉰들러는 유태인 회계사인 스턴과 친분을 맺으면서 냉혹한 유태인 학살에 대한 양심의 소리를 듣기 시작합니다. 그리고 마침내 그는 강제 수용소로 끌려가 죽음을 맞게 될 유태인들을 구해내기로 결심합니다. 그는 독일군 장교에게 빼내는 사람 숫자대로 뇌물을 주는 방법으로 유태인들을 구해내려는 계획을 세우고 스턴과 함께 구해낼 유태인들의 명단, 쉰들러 리스트를 만듭니다. 그리고 마침내 1,100명의 유태인들 구해냅니다.

　스필버그 감독은 유태인 대학살을 공론화하는 데 기여한 이 영화로, 1998년에 독일 대통령으로부터 민간인에게 수여되는 독일 최고의 명예인 십자훈장을 받았습니다. 192분의 긴 흑백 영화입니다. 하지만 결코 지루할 틈이 없는 영화입니다. 극한 생명의 위협을 받는 상황, 이를테면 전쟁이라든가 테러라든가, 이런 상황에서 진정한 삶의 의미를 생각해 볼 수 있는 영화입니다.

📹 나누고 싶은 에피소드, 하나

'진짜 중요한 것'은 무엇인가?

아우슈비츠의 유태인 학살을 배경으로 한 영화는 많이 있습니다. 그래서 아마도 전반적인 배경설명은 하지 않아도 잘 알고 계시리라 생각됩니다. 영화 속의 유태인 거주구역 내에서는 현금은 아무 소용이 없습니다. 실제로 생활에 필요한 현물들만이 통용될 뿐입니다. 시대가 바뀌었음을 인지하지 못한 유태인 부자들은 쉰들러의 사업 제의에 처음에는 동의하지 않으며 자신이 가지고 있는 현금에만 집착합니다. 정말 안타까운 장면이었습니다. 당장 내일 어떻게 될지 모르는 상황에서 현금에 집착하는 모습이 바로 인간의 모습이 아닐까 하는 생각이 들었습니다. 유태인들이 독일군의 습격을 피해서 집안에 숨어있는 장면에서도 그런 부분이 있었습니다. 문밖에 독일군이 와 있을 때, 어떤 가족들은 다이아몬드 같은 보석들을 빵조각 속에 하나씩 숨기고 입에 넣습니다. 저는 이 장면을 보면서 그 상황에서 보석을 지키는 것이 어떤 의미가 있는지 그런 생각이 들며 조금 아쉬웠습니다.

사람들은 극한의 상황에 처할 때 다양한 모습을 보입니다. 서로 돕기도 하고, 자신이 숨어있는 장소를 들킬까봐 숨겨달라는 친구를 밀어내기도 합니다. 그리고 아우슈비츠 수용소로 끌려가지 않으려고, 건강하게 보이려고 손가락에서 피를 내고 얼굴에 발라주기도 합니다. '생명'의 위협이 있는 상황을 경험한다는 것이 흔한 일은 아니지만 가끔은 이러한 상황을 가정해 본다면 진짜 중요한 것이 무엇인지 알 수 있을 것 같습니다.

🎬 나누고 싶은 에피소드, 두울

'왜 나는 더 많은 유태인을 구해내지 못했는가?'

쉰들러는 많은 이들에게 생명을 주는 의미 있는 일을 했음에도 불구하고 마지막에는 죄책감과 후회에 시달리게 됩니다. '왜 나는 더 많은 유태인을 구해내지 못했는가?'라고 탄식하면서 마지막 남은 재산을 팔지 않은 것을 후회하는 장면에서는 정말 눈물이 났습니다. 특히, 나치의 금배지를 빼면서 '이것으로 2명은 더 구할 수 있었을텐데'라고 울부짖는 장면은 정말 감동적이었습니다.

쉰들러의 의미 있는 행동들을 보면서 떠오르는 사람이 있었습니다. 아우슈비츠 수용소에서 살아남은 빅터 프랭클입니다. 그는 정신과 의사였으며, 삶의 극한 속에서도 '삶의 의미'를 가질 수만 있다면 건강하게 살아갈 수 있음을 주장한 '의미치료'의 창시자입니다. 누구나, 어떤 상황에서도 의지를 가지고 '의미를 찾는 노력'을 게을리 하지 않는 다면 삶을 풍요롭게 살 수 있습니다. 행복의 중요한 요소 가운데 하나가 '의미'인 것도 같은 맥락으로 볼 수 있습니다.

🎬 영화로 내마음 읽어내기

전쟁은 사람들을 병들게 합니다. 반복되는 학살을 경험하면서 점점 무감각해지기도 합니다. 정말 무서운 일입니다. 독일군들이 어느 집에 들어가서 유태인들을 학살하고 있는 장면과 동시에 어떤 독일군이 바흐의 피아노곡을 연주하는 장면이 나옵니다. 무표정하게 바흐를 연주하고 있는 군인의 모습을 보면서 섬찟하기도 했습니다. 그리고 영화의 엔딩 크레딧이 올라가기 전에 쉰들러 리스트에 올랐던, 그래서 살아남을 수 있었던 사람들 혹은 자녀들이 쉰들러의 무덤에 돌을 올리는 장면이 나옵니다. 무척이나 감동적인 장면이었습니다. 실제로 우리 주변에는 전쟁을 경험한 분들이 많이 있으며, 그 가운데는 외상후 스트레스 장애(PTSD)로 고통을 받고 있는 분들도 계시리라 생각됩니다. 우리에게 평화를 누릴 수 있도록 해주신 분들에게 다시 한번 감사의 마음을 가진다면 좋겠습니다.

의미치료에서 말하는 삶의 의미에 대해서 생각해 봅시다

극한 상황을 버텨내게 하는 의미들에 대해서

■ 치료적 흥얼거리기

아우슈비츠 같은 삶의 현장에서 의미를 찾으며 살아가는 연습을 해 봅시다.

●●● <Theme from Schindler's List>(Itzhak Perlman), <English suit No.2>(Bach)

월터 교수의 마지막 강의
Anesthesia
(2016)

팀 블레이크 넬슨 감독 /
샘 워터스톤, 크리스틴 스튜어트, 그레첸 몰

⊞ 마음의 안녕을 확인할 '라이프 멘토링 무비'

콜롬비아 대학원에서 철학을 공부 중인 소피는 철학이 사람들의 삶에 아무런 도움이 되지 않는다고 느낍니다. 사람들 틈에서 소통하지 못하는 소피는 삶에 대한 회의감이 깊어져만 가고, 그녀가 그나마 위안을 받을 수 있는 이는 월터 교수가 유일합니다. 30년 넘게 교단에서 철학을 가르쳐온 월터 교수는 얼마 남지 않은 인생의 시간을 본인을 위해 쓰고자 은퇴를 결심합니다. 원제인 '무감각·무관심'처럼 각자가 가지고 있는 근원적 문제를 다루고 있는데, 옴니버스식 구성으로 하나의 공통된 주제를 다루고 있는 영화입니다.

영화 속에는 다양한 상황의 각기 다른 인물들이 자신의 삶 가운데서 치열하게 살아가는 모습들이 그려집니다. 마치 현대인의 모습을 그대로 옮겨놓은 듯 합니다. 영어 제목은 Anesthesia(무감각증)이었는데, 우리나라에서는 '월터 교수의 마지막 강의'라고 해서 조금 의미가 달라지는 것이 아닌가 하는 생각도 들었습니다. 삶에 대한 무기력감이 느껴지고 자신이 미워지는 때, 혹은 다양한 배경의 등장인물들이 '마음의 빗장을 열고 타인과 함께 하는 것'에 대해서 고민하였는데, 이럴 때 영화를 통해 삶의 방향성에 대해서 스스로 질문을 던져보면 어떨까 생각합니다.

■ 나누고 싶은 에피소드, 하나

소외되는 인간의 감정과 갈 곳을 찾아 방황하는 사람들의 모습

영화에서는 신중하지 못했던 결혼에 대한 후회로 함께 하고 싶지 않은 것이 문제인 학벌과 여러 가지 배경이 유능한 부부, 함께 살고 있지만 서로 삐그덕거리고 있는 월터 교수의 아들 가족, 마약 중독에서 빠져나오지 못해 자신을 잃어가고 있는 하버드대 출신의 한 남자, 자신의 존재를 찾기 위해 자신에게 고통을 가하는 대학원생 제자 이야기가 나옵니다.

이 가운데 부부 이야기를 해 볼까요? 진정한 삶의 의미를 발견하고자 하는 월터 교수는 뛰어난 성품으로 삶의 의미를 잃은 이들에게 큰 힘이 되어주는 존재입니다. 동시에 월터 교수는 좋은 남편이었습니다. 매주 수국 꽃다발을 아내에게 선물하고, 끊임없이 자신의 이야기를 아내와 나누고, 매순간 아내와 교감하는 모습을 보입니다. 노년에 이러한 다정한 모습이 가능한 것은 어쩌면 젊은 시절부터 끊임없이 노력한 결과가 아닌가 생각됩니다. 너무 익숙해서 관심을 잃어갈 수도 있는 '부부'라는 관계에 늘 '새로운 의미'를 부여하는 것으로 이어간 결과가 아닌가 생각됩니다. 또 다른 부부는 과거의 선택에 대한 후회로 현재를 망가뜨리고 있는 샘과 사라입니다. 남편은 외도를 하면서도 할 말이 많은 모양입니다. 평소 아내가 주로 아이들 방에서 시간을 보낸다는 불만을 가지고 있는 남편은 대화할 시간도 없고, 대화도 아이들 관련 대화를 할 수밖에 없는 상황들을 핑계로 자신의 불륜을 합리화합니다. 이런 가운데 외로운 아내는 혼자 술을 마시는 것이 습관이 되었습니다. 스스로는 아이들 모르게 조용히 술을 마신다고 생각할지 모르겠지만, 아이들은 술을 먹고 있는 슬픈 엄마의 뒷모습을 기억하고 있었습니다. 어느 날 이러한 것을 깨달은 엄마는 술병을 모두 버리고 정신을 차리려고 노력을 합니다. 어쩌면 이런 삶의 의미를 찾으면서 방황하는 이들이 등장하는 에피소드들은 우리 가정의 모습들일 수도 있습니다. 더 이상 감정에 무감각해 지며 방황하지 않았으면 좋겠습니다.

🎞 나누고 싶은 에피소드, 두울

대학원생 소피 이야기

소피는 사회에 대한 적응을 하지 못하고 자존감이 낮은 인물로 나옵니다. 세상 사람들은 모두 이기적이라고 분노하며 자기혐오가 강한 모습으로 그려집니다. 사람들과는 도무지 말이 안 통한다고 하면서 사실 섞이고 싶은데 잘 안된다고 합니다. 그리고 자신의 존재를 확인하고 싶은 마음에 고데기로 살에 화상을 입히며 자해를 하기도 합니다. 소피가 월터 교수와 함께 상담자를 찾아가서 나누는 대화들을 살펴보면 '자해하는 심리'를 이해하는 데 도움이 될 것입니다. 늘 화가 나있는 소피에게 상담자가 "왜 그렇게 사람들에게 화를 내는 거니?" 하고 묻습니다. 소피는 그동안 내면에 있었던 이런 이야기들을 쏟아냅니다. "말하자면 게임 같은 거죠. 저는 규칙이 뭔지 못 들었어요. 설령 들었다 해도 규칙을 따르기엔 역부족이예요. 그래서 트집이나 잡는 거예요. 악의적이 되는 거죠. 그들보다 형편없는 인간인 제가 너무 싫어요. 정말 외로워 죽겠어요. 세상은 너무 무심하고 이기적이예요. 저는 이 세상에 맞지 않아요." 소피는 자해를 하는 이유가 그 순간에는 온갖 잡념에서 벗어날 수 있어서라고 말합니다. 실제로 자해를 경험하고 그 중독성에서 벗어나기 힘들어하는 이들이 많이 있습니다. 이런 이들에게 무조건 자해를 하지 말라고 하는 것은 별로 좋은 접근이 아닙니다. 자해를 하면서 스스로 얻는 유익들에 대해서 공감하고 이해해줍니다. 그런 다음에 그러한 유익을 다른 활동들을 통해서 얻을 수 있도록 자연스럽게 옮겨갈 수 있는 방법에 대해 지원하는 것이 중요합니다. 그리고 이들의 심리를 이해하면 실제로 의미 없는 짜증이나 분노는 없음을 알게 될 것입니다.

🎬 영화로 내마음 읽어내기

영화는 삶의 이야기, '어떻게 살아야 하는가'와 관련된 일상의 이야기를 전하고 있습니다. 각자의 삶 속에서 각자에게 주어진 인생의 무게를 견디거나 혹은 그 무게에 짓눌려 무너져가는 사람들의 이야기를 보여주고 있습니다. 또한 '감정을 다루는 것에 미숙한' 이들의 이야기들이 나옵니다. 특히, 남편의 부재를 조용히 견뎌내는 아내의 모습을 보면서 실제로 상담현장에서 많이 만날 수 있는 외로운 아내들의 모습이 떠올랐습니다. 영화에서 딸이 엄마에게 이야기합니다. "매일 밤 술 마시는 거 알아. 아빠는 매일 늦게 들어오고 엄마는 하나도 안 행복해 보여. 그런데 술 끊는 약은 없어?" 자녀에게 이런 말을 듣는 것은 참 가슴 아픈 일일 것입니다. 이때 엄마는 "엄마만 그러는거 아냐. 딴 엄마들도 마찬가지일꺼야."라는 궁색한 변명을 늘어놓습니다. 그러다가 엄마가 솔직한 마음을 보여주자 딸이 미안하다고 하며 서로 마음을 나눕니다. 결국 집에 있는 술을 다 버리게 됩니다. 보통 아내들은 아이들 때문에 외출이 쉽지 않아 밤에 혼자서 술을 먹는 경우가 많이 있습니다. 이러한 모습이 쉽게 중독으로 가는 경향이 있으니 혼자 술을 먹는 습관이 있는 사람은 주의해야 할 것 같습니다.

일반적으로 감정적 공감이 필요한 이들에게는 단숨에 감정적 해결이 되는 방법들은 위험할 수 있습니다. 이러한 것들은 중독으로 가기가 쉽습니다. 그냥 천천히, 아주 조금씩 자신에게 의미를 가지고 채워가는 방법들을 알아가는 것이 매우 중요합니다. 그것의 시작은 '사소한 재미를 찾는 것'에서부터 시작됩니다. 일상에서 사소한 재밋거리를 찾아내는 훈련을 하는 것이 감정적 무감각을 해소하는 좋은 방법이 아닌가 생각합니다. 영화가 말하고자 하는 보통의 삶은 결국 '함께'라는 단어로 마무리되는 것 같습니다. 함께 나누기에도, 같이 걸어가기에도, 서로 안아주기에도 부족한 인생인데 우리는 그 짧은 시간 속에서 '각자의 삶'만을 좇으며 살아가고 있다고 말해주는 것 같습니다. 늘 '어떻게 살아야 하는가?'라는 질문 속에서 바른 선택을 하며 살아가야 할 것입니다.

📢 *나에게는 라이프 멘토링을 해주는 이가 있는가?*

내가 멘토링의 도구로 사용하는 매체가 있다면 무엇인가?

....

....

....

🎞 *치료적 흥얼거리기*

세상에 맞춰 사는 것이 힘겨워 트집만 잡고 있는건 아닌지 한번 생각해 봅시다.

●●● <Lonely>(Akon), <Stay>(블랙핑크)

안녕, 나의 소울메이트
SoulMate
(2017)

증국상 감독 / 주동우, 마사순

🎞 빛나는 그 시절, 너를 만났다.

　　열세 살에 운명처럼 시작된 우정이 14년간이나 지속됩니다. 그러는 사이 엇갈리며 닮아갔던 두 소녀의 애틋하고 찬란했던 청춘 이야기입니다. 원제는 주인공 소녀들의 이름인 칠월과 안생입니다. 인터넷 소설을 통해 밝혀지는 너무나 다른 두 소녀의 14년의 걸친 우정과 성장을 담은 아름답고 애틋한 감성 드라마입니다. 매력적인 두 여주인공들은 중화권의 대표 영화제인 금마장에서 53년만에 최초로 공동 여우주연상 수상 소식으로 전 세계를 깜짝 놀라게 하기도 했습니다. 국내에서는 제21회 부천 국제판타스틱 영화제 월드 판타스틱 블루 부문에 선을 보였는데 공개 후 진한 감성과 긴 여운, 가슴에 박히는 명대사들이 깊은 공감대를 불러일으키며 관객들에게 '인생영화'라는 평을 듣기도 했습니다.

■📹 나누고 싶은 에피소드, 하나

우리가 어렸을 때는

불과 몇 십 년 전만 해도 '이웃사촌'이라는 말이 피부로 와닿는 그런 삶의 모습들을 흔히 발견할 수 있었습니다. 이제는 이웃이 '남남'이라는 표현과 더 어울리는 세상이 되기는 했지만 말입니다. 실제로 앞집에 사는 분들과 마주치는 일도 별로 없는 것 같습니다. 영화에서는 칠월의 부모님이 안생에 대해 알게 되고, 내 자식처럼 챙겨주고, 따뜻한 식사를 함께 나누고, 그렇게 따뜻한 가정 속으로 안생을 받아들입니다. 늘 혼자여서 외로웠던 안생은 칠월의 집에 자주 놀러가서 함께 목욕하고, 즐겁게 시간을 보내는 등 고독한 삶의 위안을 얻게 됩니다. 친구와 이야기를 나누기 위해서는 주로 친구를 찾아가는 게 익숙했던 시절에는 손편지를 즐겨 쓰기도 했던 것 같습니다. 영화에는 추억의 2G폰이 주로 등장하는데 속도에 민감한 현대를 살아가는 우리들에게는 그러한 기다림이 주는 향수가 느껴지기도 했습니다.

●📽 나누고 싶은 에피소드, 두울

소울메이트였던 그녀들의 갈등지점

"너 내 친구에게 잘하는지 두고 보겠어." 하고 친구의 남자친구에게 으름장을 놓은 안생에게 이미 칠월의 남자 가명은 반해버렸습니다. 그것도 모른 채 고백한 칠월과 가명은 사귀게 되고, 그런 애매한 삼각 구도 속에서 안타깝게도 그들은 서로를 알고 이해하는 사이가 아닌 '참아내는 사이'가 되어버립니다. 그 긴장을 견디다 못한 안생은 칠월을 위해 고향을 떠나고, 칠월은 그렇게 떠나는 안생을 끝내 잡지 않습니다. 어쩌면 한번쯤 이런 비슷한 경험들이 있을지 모르겠습니다. 떠나주길, 사라져주길 바라는 마음을 망설이고 말하지 못하지만 막상 떠나면 붙잡지 않은 것에 대한 후회를 하게 되는 그런 관계 말입니다. 항상 같은 곳을 바라본다고 생각했던 소울메이트의 관계에서 어긋남을 경험하는 원인이 남자친구과 관련된 부분이라는 것이 조금 안타깝기는 했지만 지극히 사실적인 내용이라는 생각도 들었습니다.

🎬 영화로 내마음 읽어내기

어린 시절을 잠시 돌아보면 그때는 친구가 인생의 대부분을 차지했던 것 같습니다. <안녕, 나의 소울메이트>는 오래전 내가 못하는 게 무엇인지 알게 해주고, 나와 다른 누군가를 받아들일 수 있는 방법이 무엇인지 알게 해주었던 친구들을 떠올리게 하는 영화였습니다. 영화평을 보면 '앨범을 꺼내보는 따뜻한 기분을 느낄 수 있는 영화', '내 주변의 소중한 사람들을 돌아보고 사랑하게 되는 영화', '완전히 새로운 감성의 우정 이야기', '지금은 잃어버린 오랜 친구가 있는 이들이 보면 좋을 영화' 등이 있었습니다. 개인적으로는 고맙기도 하고, 밉기도 하고, 정말 내 이야기 같은 그런 영화였습니다. '지금 나의 소울메이트는 누구인지? 정말 그런 친구가 있는지?' 그립고, 쉴 수 있는 집이 되어주는 친구, 나만큼 사랑하고 인생을 나눌 수 있는 소울메이트가 정말 그리워지네요. 영화를 감상하시면서 '소울메이트'였던 오래전 학창 시절의 단짝 친구들과의 추억들을 떠올려보시고, 그때 친구들과의 관계를 통해서 지금의 인간관계를 돌아보셔도 좋을 것 같아요. 영화 보시면서 나만의 '소울푸드'를 드시는 것도 좋을 것 같습니다.

📣 **학창 시절 떠오르는 그리운 친구들이 있습니까?**

나는 여전히 누군가의 소울메이트가 되어주고 있나요?

....

....

....

....

🎬 **치료적 흥얼거리기**

잠시 학창 시절로 돌아가 기분 좋은 기억들을 떠올려 보면 좋을 것 같습니다.

●●● <Hush>(Lasse Lindh), <Soulmate>(지코&아이유)

내 이름은 꾸제트

My Life As a Courgette

(2017)

클로드 바라스 감독 / 가스파 츨라테르(꾸제트),
시스틴 무하(까미유), 폴린 자쿠우드(시몽)

📽 당신은 혼자가 아니예요

우연한 사고로 엄마와 헤어지고 퐁텐 보육원으로 보금자리를 옮기게 된 꾸제트의 이야기입니다. 각각의 비밀스러운 사연을 가진 친구들과 함께 살아가게 되는데, 티격태격 싸우기도 하지만 그래도 항상 함께 있어주는 친구들로 인해 마음의 위로를 받기도 합니다. 특히, 퐁텐 보육원에 새로 온 까미유를 보고 첫눈에 반하면서 보육원의 생활에 활력을 더하게 됩니다. 사랑받지 못했던 꾸제트는 엄마, 아빠와는 함께할 수 없었지만 엄마가 돌아가신 후 기관으로 연계해준 레이몽 경찰관 아저씨, 마음이 따뜻한 보육원 원장님과 선생님, 퐁텐 보육원의 자칭 리더인 시몽, 신참인 까이유, 그리고 다른 친구들과 추억과 우정을 쌓아가며 하루하루 사랑을 배워나가게 됩니다.

'스톱모션'은 정지한 물체를 직접 사람의 손으로 조금씩 움직이며 카메라로 찍어내서 마치 물체가 연속적으로 움직이는 것처럼 보이게 하는 기법입니다. 스톱모션 애니메이션은 다른 어떤 장르보다 무에서

유를 창조하는 과정에 긴 노력이 필요한 애니메이션이라 합니다. 특히, 촬영 대상의 움직임을 한 프레임씩 변화를 주며 움직임을 만들어내는 스톱모션 애니메이션은 섬세한 장인정신을 요구합니다. 제작진은 고생스러웠겠지만 관객의 입장에서는 생동감 넘치는 움직임과 예쁜 인형들의 모습에 보는 즐거움이 더해집니다. 무려 7년간의 기획과 3년의 제작기간, 촬영기간만 1년 6개월이 걸린 <내 이름은 꾸제트>는 스톱모션 애니메이션 가운데서도 명품으로 꼽힙니다.

<내 이름은 꾸제트>는 아이들과 함께 보아도 좋지만 오히려 성인들에게 많은 이야깃거리를 주는 영화인 것 같습니다. 좁은 의미에서는 '가정'에서, 넓게는 '사회'에서 우리가 '좋은 어른'으로서 어떤 역할을 해야 하는지 생각하게 하는 그런 영화입니다. 영화 속 레이몽 경찰관 아저씨, 퐁텐 보육원 원장 선생님의 모습은 우리가 모델링해야 할 부분이 아닌가 하는 생각도 들었습니다.

■ 나누고 싶은 에피소드, 하나

무책임한 부모로 인해 상처받은 아이들

<내 이름은 꾸제트>는 무책임한 부모에 대한 날카로운 시선과 또 다른 의미의 가족이 전하는 소중함을 이야기합니다. 아이에게는 교훈적이고, 어른들에게는 커다란 깨달음을 줄 수 있는 영화입니다. 영화는 부모에게 버림받은 아이들의 처지를 구구절절 설명하지 않으며 그

들의 심리를 간접적으로 드러냅니다. 물론 퐁텐 보육원의 리더 역할을 하고 있는 시몽을 통해 아이들이 보육원에 올 수밖에 없었던 각각의 아픈 사연들이 잠시 나오기는 합니다. 이 또한 아이의 시각으로 상처를 드러내는 것이라 마음 아픈 장면 가운데 하나이기도 했습니다. 꾸제트는 본명인 아카르 대신 엄마가 평소에 불러주었던 꾸제트라는 별명으로 불리기를 원했습니다. 꾸제트라고 불리웠을 때 아마도 엄마의 따뜻함이 느껴져서 그랬을 것 같습니다. 특히, 부모를 잃었음에도 담담한 모습을 보이는데 이 또한 슬픈 장면 가운데 하나였습니다. 독특한 분위기 속에서 고아 문제와 진정한 가족의 의미를 생각해 볼 수 있는 영화입니다.

✪ 나누고 싶은 에피소드, 두울

그래도 세상은 살만한 곳이다

퐁텐 보육원에서는 다양한 사연으로 온 아이들이 함께 생활합니다. 서로에게 위안이 되어주는 순수한 모습들이 기특하고 마음이 따뜻해지는 동시에 마음 한구석이 안타깝고 짠하기도 했습니다. 부모와 친척이 책임지지 못하는 부분을 어찌보면 단순히 보육원으로 연계해 주는 역할을 했던 경찰관 아저씨가 꾸제트를 입양하고 동시에 까미유도 입양을 해서 함께 지낼 수 있도록 배려해 줍니다. 그리고 무엇보다도 퐁텐 보육원의 원장 선생님과 담당 선생님의 따뜻한 마음이 감동적이었습니다. 한없는 사랑을 주면서도 지나치게 개입하지 않고, 멀리서 아이들을 '바라보는 역할'을 하는 원장 선생님의 모습이 어른들이 닮아야 할 모습이 아닌가 하는 생각도 들었습니다. 이런 따뜻한, 집보다 더 따뜻한 보육원이 있다면 얼마나 좋을까 하고 잠시 생각해 보기도 했습니다. 세상의 많은 어린이들이 어른들의 잘못으로 이유도 알지 못한 채 고통을 받고 있습니다. 꾸제트와 그 친구들처럼 서로에게 힘이 되고 의지가 되는 존재들이 있는 아이들도 있겠지만 아마 그렇지 못한 아이들도 많을 것입니다. 더 이상 어리석은 어른들의 실수로 인하여 아이들이 눈물짓는 일이 없었으면 좋겠습니다.

✂ 영화로 내마음 읽어내기

영화의 원제는 『호박같은 내인생』이라고 합니다. '꾸제트'가 '호박'이라는 뜻이 있습니다. 호박의 특성은 척박한 땅에도 넝쿨로 잘 성장하는 것이라 그런 의미를 담은 것 같습니다. 아이들 입장에서 감내하기 어려운 다양한 사연을 가지고 퐁텐 보육원에 모인 아이들은 그들의 삶이 척박할 수밖에 없었습니다. 그렇지만 호박처럼 내면에 가지고 있는 강인한 생명력을 발휘할 수 있도록 주변의 '선한 어른들'이 든든한 버팀목이 되어줍니다. '내 아이, 내 가정'을 넘어서서 주변의 '상처받은 아이들'에 시선을 돌려서 그들에게 작은 지지대가 되어주면 어떨까 하는 깊은 감동이 오는 영화였습니다. 그리고 러닝타임이 한 시간 조금 넘었는데, 까미유와 꾸제트가 사랑에 빠지는 장면이나 아이들의 순수함으로 빚어진 웃음 유발 요소는 우울한 분위기로 빚어진 권태감을 상쇄시키며 재미있게 볼 수 있었던 장면이었습니다. 개인적으로는 '어른들을 위한 영화'가 아닌가 하는 생각도 들었지만 자녀들과 함께 보셔도 좋을 듯 합니다.

📢 **꾸제트를 입양한 경찰관처럼 이유 없이 자신을 잘 돌봐준 이가 있습니까?**

평소에 나는 주변사람들을 잘 돌봐주는 사람입니까?

....

....

....

....

....

....

....

....

....

....

■ 치료적 흥얼거리기

세상은 아직 살만한 곳인 이유를 떠올려 봅시다.

●●● <아침먹고 땡>(요조), <You are not alone>(임형주)

더 헌트 The Hunt
(2013)

토마스 빈터베르그 감독 /
매즈 미켈슨, 토머스 보 라센

📽 <u>그의 인생을 송두리째 바꿔놓을 거짓말이 퍼지고 있다</u>

　　제작 단계에서부터 칸국제영화제의 심사위원 특별상을 수상한
토마스 빈터베르그 감독과 유럽을 대표하는 배우 매즈 미켈슨의 결합
으로 전 세계 영화팬들의 관심을 모았던 영화입니다. 개인적으로 영화
를 보기 전에 리뷰를 잘 안보는 편이라, 감독만 보고 골라 본 영화였는
데 시간가는 줄 모르고 재미있게 본 영화였습니다. 몰입해서 영화를 본
후에 리뷰를 보니 유럽영화상 각본상 수상의 탄탄한 시나리오로 이루
어진 정말 유명한 영화였습니다. 오늘날에는 인터넷과 SNS로 사건의
진위보다는 사건을 빠르게 판단하고 심판하는 것에 초점을 맞추다
보니 진실은 왜곡되기 쉽고, 익명성에 기대어 마녀사냥이 많이 일어나
고 있음을 볼 수 있습니다. 기존의 '마녀사냥'을 다룬 영화들과는 달
리 <더 헌트>는 적극적인 폭력 장면 보다는 주인공의 심리를 진중하게
전달하고, 주인공 루카스가 경찰에게 심문 당하는 장면을 노출하지 않
아 궁금증을 유발하게 하는 한 차원 높은 구성을 보였습니다. 관객들

이 루카스의 입장에 저절로 몰입하게 만드는 영화의 독특한 시선은 색다른 심리극으로 구성되어 있어 영화의 몰입도를 높이는 것 같습니다.

🎥 나누고 싶은 에피소드, 하나

클라라는 이웃집 아저씨 루카스와 함께 하는 것을 좋아합니다

유치원 교사일을 하고 있는 루카스는 출근길에 클라라 부모가 싸우느라 유치원에 데려다주지 못해 문밖에 앉아있는 클라라와 함께 유치원으로 갑니다. 클라라는 어린 마음에 어쩌면 싸우는 부모보다 자상한 이웃이자 유치원 선생님인 루카스 아저씨가 더 좋았을 수도 있을 것 같습니다. 유치원에서 클라라는 루카스 주머니에 '클라라'라고 써놓은 작은 선물을 넣어두기도 하고, 루카스가 아이들과 놀이를 하다가 쓰러진 척하고 눈감고 누워있을 때 와서 입술 뽀뽀를 하기도 합니다. 이때 루카스는 교사로서 적절한 대처를 합니다. "클라라, 입술 뽀뽀는 엄마, 아빠한테만 하는거야." 그리고 주머니에 미리 넣어둔 선물을 보고는 "클라라, 이런 선물은 남자친구에게 줘야지."라고 이야기합니다. 그런데 루카스 선생님의 이런 반응에 조금 민망해진 클라라는 자신의 이름이 써있는, 누가봐도 클라라가 넣어 놓은 것으로 보이는 선물에 이렇게 반응을 보입니다. "제가 넣어놓지 않았어요."라고 뾰루퉁하게 거짓말을 합니다. 그러던 어느 날 작고 귀여운 클라라는 엄청난 거짓말을 합니다. 클라라가 하교 후 엄마를 기다리는 중에 원장 선생님에게 이런 말을 합니다. "루카스 선생님 싫어요." 그러면서 루카스 선생님이 자기에게 성기를 보여줬다는 충격적인 이야기를 합니다. 유치원 시기는 상상력이 발달하는 시기이기는 합니다. 평소에 야동을 보는 오빠가 지나가면서 클라라에게 보여주었던 영상이 아마도 클라라의 기억에 남아서 그런 스토리를 만들어낸 듯 합니다. 나중에 클라라가 엄마에게 자신이 바보 같은 말을 했다면서 실제로 그런 일은 없었다고 이야기하지만, 어처구니없게도 엄마는 그 말을 믿지 않습니다. 오히려 엄마는 "그날의 기억이 너무 고통스러워서 아마도 네 무의식에서 차단한 걸 거야." 라고 단정 짓 듯 이야기를 합니다. 황당하지만 어쩌면 우리가 일반적으로 이러한 상황에 대처하는 모습일 수도 있을 것 같았습니다.

상담현장에서 보면 성폭력으로 어려움을 겪지만 잘 표현하지 못해서 불이익을 받는 아이들도 많이 있고, 반대로 억울하게 누명을 쓰는 남자들도 많이 있습니다. 실제로 예전에 경계선성격장애(BPD) 진단을 받은 젊은 여성분을 상담한 적이 있었는데, 성폭행을 당하지 않았음에도 직장상사에 대한 복수심에 성폭행 당했다고 회사에 보고해서 남자는 결국 사직하는 일이 있었다는 이야기를 들은 적이 있습니다. 정말 소름끼치는 일이지요. 요즘 공공기관이나 기업, 학교 등에서 성폭력 교육이 의무화 되어서 교육을 받을 기회가 많이 있는데, 실제 사례를 들어보면 우리의 부족한 성의식이 현재의 문화를 따라가지 못해서 어려움을 겪는 경우도 많이 있음을 알 수 있습니다.

⊙ 나누고 싶은 에피소드, 두울

세상 모두가 나를 등지는 순간, 주변의 관계가 자연스럽게 정리됩니다.

"친구들이 뭐 이래? 친구도 아냐!"라고 아빠의 절친들에게 마쿠스가 따지는 장면이 나옵니다. 예전에 둘도 없는 친구들이었는데, 한 명을 제외하고는 모두 루카스를 의심하고 비난합니다. 진정한 친구라면 친구가 심각한 곤경에 빠졌을 때 적어도 그 상황에 대해 들어주기는 해야하는게 아닐까 하는 아쉬움이 있었습니다. 영화를 보면서 심하게 감정이입이 되었는지 저도 마쿠스처럼 따지고 싶었습니다. 물론 아빠의 절친 중 한 명은 다행스럽게도 마쿠스를 잘 돌봐주고, 안심시켜 주기도 했습니다. 영화의 클라이맥스인 루카스의 쌓여왔던 감정이 폭발하는 성당 장면은 8시간 동안 촬영이 진행되었다고 하는데, 루카스가 절친이었던 클라라 아빠를 바라보며 눈물을 흘리는 장면은 정말 완벽한 연기였던 것 같습니다. 결국 오랜 절친인 클라라의 아빠도 루카스를 믿어주는 분위기로 마무리되는 듯 했습니다. 세상 모두가 나를 등지는 순간, 그때가 바로 '내 사람'을 알아보게 되는 순간인 것 같습니다.

🎬 영화로 내마음 읽어내기

영화에서 클라라가 원장 선생님에게 처음 루카스의 행동(성기를 보여준)에 대해 이야기했을 때, 매우 민감하게 대처하는 것을 보면서 매우 높은 도덕의식을 가지고 있다는 생각이 들었습니다. 최근 '북유럽식 교육법'이 우리나라 젊은 부모들 사이에서 인기를 끌고 있는데, 이는 거대한 자연 속에서 여유롭게 살아가는 민족성이 반영된 친환경적이며 실용적인 스타일을 의미합니다. 이에 반해, 실제로 우리 주변의 상황들은 어떤지 한번 살펴보았으면 좋겠습니다. 아이가 상처받지 않도록 즉각 대처하는 모습과 부모의 동의를 구하고 경찰에 신고하고 학부모들에게 알리는 행위는 어쩌면 쉽지 않은 일일 수도 있습니다. 아이가 상상력이 지나쳤을꺼라고 생각하고, 유치원이 시끄러워질 것을 염려하여 조용히 덮으려는 그런 분들도 있지 않았을까요? 클라라의 오빠가 음란물에 노출되어 있는 것을 보면서 어린 시절의 음란물이 얼마나 해로운지, 아이들은 생각보다 치명적인 영향을 받는다는 것을 알 수 있었습니다. 그리고 먼저 어른들이 좋은 모범을 보이는 것이 매우 중요할 것 같았습니다. 물론 온 마을사람들이 하나가 되어 루카스를 왕따시키고 슈퍼마켓에서는 출입금지라고 하며 저항하는 루카스에게 폭력을 행하기도 하는 등의 모습들은 조금 과하다는 생각이 들기는 했습니다. '아이를 키우는데 온 마을이 함께 한다'라는 말이 있습니다. 개인주의가 팽배한 시대에 주변의 작은 관심들이 더욱 절실히 요구되어지는 것 같습니다.

나에게 어려움이 있었을 때, 나를 믿어준 이가 있었나요?

....

....

....

....

....

....

....

....

▦ 치료적 흥얼거리기

세상을 살다보면 정말 억울한 일도 있습니다. 이런 때가 나의 진정한 친구를 알아 볼 수 있는 기회가 아닐까 생각됩니다.

●●● <비도 오고 그래서>(헤이즈, feat 신용재), <전쟁이야>(엠블랙)

인썸니아 Insomnia
(2002)

크리스토퍼 놀란 감독 / 알 파치노, 로빈 윌리엄스

⊞ 살인보다 완벽한 음모

최근에는 '크리스토퍼 놀란' 감독의 작품이라는 이유만으로 흥행이 되기도 하는 것 같습니다. <인썸니아>는 1997년에 만들어진 동명의 노르웨이 영화를 재구성한 크리스토퍼 놀란 감독의 영화로 조금 오래된 영화입니다. 어떤 이들은 '불면증'이라는 영화 제목과는 정반대로 지루하고 졸린 작품이라고 혹평을 하기도 하지만, 대부분의 영화평은 알 파치노와 로빈 윌리엄스의 뛰어난 내면 연기로 몰입감이 극대화되었다고 했습니다. 특히, 지능적이고 여유가 넘치는 살인자의 모습을 보인 로빈 윌리엄스는 그동안의 연기와는 다른 모습들을 보여줬습니다.

내용을 살펴보면, 밤이 없이 낮만 지속되는 '백야'라는 특이한 기간에 접어든 알래스카의 외딴 마을의 쓰레기 하치장에서 17세 소녀의 사체가 전라의 몸으로 발견됩니다. 용의자도, 목격자도 없는 이 의문의 살인사건에 LA경찰국 소속 베테랑 형사 도머가 투입되고 도머는 그의 오랜 파트너 햅과 알래스카 지방 경찰 앨리와 함께 사건을 수사하기 시작합니다. 도머는 안개 속에서 용의자를 추적하던 중, 실수로 동료 햅에게 총을 쏘고 햅이 죽게 됩니다. 백야로 인한 심한 불면증과 스트레스로 도머는 동료를 죽인 그 사고가 자의인지, 타의인지 구별조차 못하는 상황에서 유일하게 그 장면을 목격한 살인사건 용의자 핀치와 숨막히는 두뇌 싸움을 벌이게 됩니다.

📹 나누고 싶은 에피소드, 하나

잠들지 못하는 괴로움

'잠들지 못하는 괴로움'을 경험해 보신 적 있으신가요? 밤낮없이 일하는 바쁜 현대인들은 아마 한두 번쯤 이런 경험을 해보셨을꺼라 생각합니다. 어떤 이들은 인생의 1/3이 잠자는데 허비된다면서 잠을 줄이지 않으면 인생이 낭비된다고 주장하기도 합니다. 그러나 인간이 인간답게 살기 위해서 가장 기본이 되는 것은 잘 먹고, 잘 자고, 잘 배설하기 위함이고 이런 기본적인 욕구가 해소되지 않는다면 인간은 건강하게 살아갈 수 없습니다. 건강하지 않은 삶은 결국 성공한 삶이라고 할 수 없겠지요. 영화는 알래스카 특유의 분위기를 살려서 주인공이 겪고 있는 심리 상태와 불면증 등을 잘 표현해 냈습니다. 특히, 배우들의 내면 연기가 대단했습니다. 스토리만 보면 약간 지루할 법도 한데, 알파치노의 감정선을 따라가다 보니 영화가 금방 끝난 듯 했습니다. 어떤 사람들은 "인썸니아를 보면 저절로 잠이 온다."라고 우스갯소리를 하기도 하지만, 영화를 통해서 자연스럽게 '불면증', '수면장애'에 대해서 생각해 보는 것도 좋을 것 같습니다.

백야로 인해서 여러 날째 잠들지 못한 채 사건을 추적하는 알파치노의 얼굴 표정을 한번 떠올려 보시기 바랍니다. 미남 배우도 불면에 시달리다 보니 인상이 점점 변해가는 것 같았습니다. 그리고 운전하다가 사고가 날 뻔도 했습니다. 일반적으로 평소보다 4시간을 못 잘 경우 반응속도가 45%가 지체되고, 하룻밤을 못 자면 반응시간이 평소보다 2배 길어져 수면부족은 기능저하로 이어질 수밖에 없습니다. 특히, 안전과 관련된 일일 경우는 큰 문제가 발생할 수도 있습니다. 불면증은 단순히 '잠이 오지 않는다'는 의미가 아니라, 시간이 지날수록 '잠들 수 없다'는 의미로 다가오는 것이 문제입니다. 이러한 생각은 불안과 공포로 다가오기도 합니다. 불면증은 일차성과 이차성으로 구분할 수 있는데, 일차성 불면증은 적어도 1개월 동안 수면의 시작이나 유지가 안되는 것으로 신경계의 과활성으로 뚜렷한 이유 없이 나타나는 것이며, 정신과적 질병과 동반되는 이차성 불면증은 수면장애나 협심증, 우울증에 의해서 주로 일어난다고 합니다.

❀ 나누고 싶은 에피소드, 두울

죄책감으로 인해 불면이 더해지는 상황

주인공은 '백야'라는 환경적인 문제도 있었지만 죄책감으로 인해 불면이 더해졌다고 할 수 있습니다. 그가 저지른 죄 때문에 그것을 인식하든 못하든 괴로워하며 자신을 괴롭히는 그 근원으로 다가갑니다. 결국 뿌리가 자신을 향하고 있다는 사실을 안 순간 그 고통에서 벗어나서 편안한 잠을 잘 수 있게 되는 것입니다. 도머가 경험하는 불면증 수준은 얼마나 보편적인 것인가 한번 생각해 보았으면 합니다. 불면증은 정신상태와 대인관계에 영향을 주는데, 현재 자신의 상태를 진단해 보시고 일상생활에 불편감을 주는 정도라면 반드시 치료를 받으실 것을 권합니다. 의사의 처방 아래 수면제를 조금씩 사용하는 것도 큰 도움이 될 수 있으며, 수면무호흡증이 동반되는 경우도 치료가 필요합니다. 그리고 우울증과 같은 심리적인 문제로 인한 수면장애는 심리치료도 많은 도움이 됩니다.

*** 수면관련 장애(DSM-5):** 수면-각성장애(Sleep-Wake Disorder)에는 여러 가지 하위요인(과다수면장애, 기면증, 수면무호흡증, 악몽장애 등)이 있습니다. 그 가운데 불면장애(Insomnia Disorder)가 있습니다. 수면에 어떤 곤란이나 이상이 생기고, 이로 인해 개인적인 고통을 겪거나 일상생활에 심각한 지장이 초래되는 경우, 수면-각성장애로 진단되어지는데, 예를 들어 1주일에 3일 이상 밤에 잠을 제대로 이루지 못하는 상태가 3개월 이상 지속되는 경우에 '불면장애'로 진단됩니다. 반대로 '과다수면장애'는 하루에 7시간 이상 잠을 잤음에도 불구하고 졸린상태가 지속되거나 지나치게 잠을 많이 자는 상태가 1주일에 3일 이상 나타나고, 3개월 이상 지속되는 경우입니다.

📽 영화로 내마음 읽어내기

우리는 수면을 통해 휴식을 취하고 원기를 회복합니다. 실제로 수면 중에 각종 호르몬들이 분비되며, 에너지를 보존해서 생존을 유지시킨다고 합니다. 약 30일 정도의 수면박탈을 당한 유기체는 결국 죽음에 이르게 된다고 합니다. 그러니까 수면은 우리의 생존과 직결되는 것이고 우리의 삶의 질과도 연관되어 있음을 알 수 있습니다. 숙면을 돕는 방법으로는 가능하면 저녁시간에는 카페인 섭취를 금하는 것이 좋습니다. 특히, 더운 여름 밤에 시원한 맥주를 드시는 경우가 많은데요. 실제로 알콜섭취는 숙면을 방해한다고 합니다. 질적인 수면을 하기는 어렵다는 것입니다. 그리고 수면과 조명은 매우 밀접한 관계가 있습니다. 영화에서도 알 파치노가 호텔 창으로 들어오는 햇빛을 막으려고 여러 노력을 하는 장면이 나오는데요. 일반적으로 밝은 전등 불빛 아래 있다가 갑자기 불을 끄는 것 보다는 침실에는 간접조명으로만 켜두고 자연스럽게 신체가 불빛에 적응하고 잠들게 하는 것이 숙면에 좋다고 합니다. 참고하시면 좋을 것 같습니다.

📢 잠들지 못하는 괴로움을 경험한 적이 있습니까?

나를 잠들지 못하게 하는 것은 무엇입니까?

....

....

....

....

....

....

....

....

🎬 치료적 흥얼거리기

웰빙의 척도가 수면의 질이라고 해도 과언이 아니라 생각합니다. 나의 수면패턴에 대해서 진지하게 생각해 보면 좋을 것 같습니다.

●●● <보통날>(GOD), <잠은 다 잤나봐요>(소유&유승우)

삶의 가치를 공유하는 상생시네마클럽: 추천 영화 100선

소개

'상생시네마클럽'은 영화를 통해 삶의 가치를 공유하는 비영리단체이다.

삶의 다양한 이야기를 담고 있는 영화를 통해 자신의 내면을 만나기도 하고 타인과 소통하며 새로운 대안을 찾기도 한다. 2009년 10월, 학교 내 따돌림을 다룬 영화 〈파랑새〉를 시작으로 월 2회 오픈 클럽으로 이어져 오고 있다. '대전사회적자본지원센터 공유서가 프로젝트'로 선정된 바 있으며 '상생시네마클럽 33편의 영화 이야기'를 보급하였고 전국의 온라인 회원 2천여 명이 소통하고 있다. 2022년 12월 현재, 223회 차 시네마클럽이 운영되고 있다. (http://cafe.daum.net/moviechang)

추천 영화 100선(영화 제목 가나다순)

1. 가을 소나타(Autumn Sonata, 1978)

2. 괜찮아요, 미스터 브래드(Brad's Status, 2017)

3. 그녀(Her, 2013)

4. 그녀에게(Talk To Her, 2002)

5. 그들이 진심으로 엮을 때(Close-Knit, 2017)

30. 마더 앤 차일드(Mother And Child, 2009)

31. 마카담 스토리(Asphalte, 2015)

32. 매기스 플랜(Maggie's Plan, 2015)

33. 맨체스터 바이 더 씨(Manchester By the Sea, 2016)

34. 메이지가 알고 있었던 일(What Maisie Knew, 2012)

35. 모두의 천사 가디(Ghadi, 2013)

36. 목소리의 형태(A Silent Voice: The Movie, 2016)

37. 미라클 벨리에(The Belier Family, 2014)

38. 바닷마을 다이어리(Our Little Sister, 2015)

39. 벨라(bella, 2006)

40. 블라인드 사이드(The Blind Side, 2009)

41. 블랙 스완(Black Swan, 2010)

42. 블루 재스민(Blue Jasmine, 2013)

43. 비기너스(Beginners, 2010)

44. 비밀과 거짓말(Secrets & Lies, 1996)

45. 비버(The Beaver, 2011)

46. 사랑의 시대(The Commune, 2016)

47. 사랑 후에 남겨진 것들(Cherry Blossoms – Hanami, 2008)

48. 400번의 구타(The 400 Blows, 1959)

49. 세컨드 마더(The Second Mother, 2015)

50. 소공녀(Microhabitat, 2017)

51. 스틸 앨리스(Still Alice, 2014)

52. 스틸 라이프(Still Life, 2006)

53. 실버라이닝 플레이북(Silver Linings Playbook, 2012)

저자 약력

곽현주

건신대학원대학교 문화예술치료학과 교수
건신예술치료연구소 소장
한국영상영화치료학회 이사 및 대전충청지회장
한국음악치료교육학회 이사
한국통합예술심신치유학회 이사
디지털통합예술치료학회 총무이사
상생시네마클럽 이사
수련감독음악재활심리상담사
영상영화심리상담사
의미심리상담사
음악중재전문가(KCMT)
음악과 심상 치료사(MIT)

마음으로 보는 영화

초판 발행   2019년 1월 10일
중판 발행   2023년 1월 30일

지은이   곽현주
펴낸이   노 현

편 집   김명희·강민정
기획/마케팅   정연환
제 작   고철민·조영환

펴낸곳   (주)피와이메이트
         서울특별시 금천구 가산디지털2로 53, 한라시그마밸리 210호(가산동)
         등록 2014.2.12. 제2018-000080호
전 화   02)733-6771
f a x   02)736-4818
e-mail   pys@pybook.co.kr
homepage   www.pybook.co.kr
ISBN   979-11-89643-04-1 93180

copyright@곽현주, 2019, Printed in Korea

* 파본은 구입하신 곳에서 교환해 드립니다. 본서의 무단복제행위를 금합니다.
* 저자와 협의하여 인지첩부를 생략합니다.

정 가   16,000원

박영스토리는 박영사와 함께하는 브랜드입니다.